JN011827

画数が夥しい漢字がすべて載っている
大漢和辞典の情報はこちらから

なぞり書きで脳を活性化

画数が夥《おびただ》しい漢字121

笹原宏之
編著

大修館書店

序文

漢字は、世界の文字の中でも一、二を争うほど、込み入った点画をもっています。

例えば学校で習う「常用漢字」であっても、「鬱」は二十九画に達します。「鬱」は、書けなくても読めれば良い、電子機器で打てれば良い字とされていますが、日本人の漢字の知識や運用能力のバロメーターのように意識され、この字が書けるようになりたいと言う人が多く、さまざまな覚え方が発案されているくらいです。書きやすい略字「欝」も作られ、JIS漢字（電子機器で日本語を処理するため日本産業規格〈JIS〉で定めた漢字の通称）の第1水準に採用されましたが、バランスの良さが好まれたのか「鬱」のほうが各方面で多用され、ネット上でもたくさん打たれ続けて、JIS漢字では第2水準だったのに、この字体で常用漢字表に追加されました。これだけでインパクトがある「鬱」ですが、さらにその右に「氵」や「黒」などを加えた字まであるのです（その正体は本文で詳しく解説します）。

実は漢字には、後で紹介するように六十画を超える字まであります。こうした画数の多い漢字については、知的好奇心から知りたくなる人が非常に多く、中国や日本など各国の方々が書籍やインターネットで言及していて、その注目度の高いことを教えてくれます。ただ、それらの発言は概してある部分に限定した散発的なもので、優れた記述も見受けられる一方、中には学問的な知見を欠くことによる誤解や謬説《びゅうせつ》も見受けられました。せっかく興味深い事実を知りたいということでしたら、本書を通して正確な字体とその背景に広がる漢字文化まで味得していただければと思います。

漢字の筆画を数えることは、隷書《れいしょ》から楷書《かいしょ》が成立した六朝《りくちょう》時代［二二〇－五八九］には始まっていて、女真族《じょしんぞく》が支配する金《きん》の地では、画数順に漢字を並べる道教色の濃い辞書が編纂《へんさん》され始めます。それが明代《みんだい》［一三六八－一六四四］に『海篇《かいへん》』類に受け継がれ、質量ともに洗練されて『字彙《じい》』に結実し、清朝《しんちょう》［一六一六－一九一二］の『康熙字典《こうきじてん》』に到達します。諸橋轍次《もろはしてつじ》博士著『大漢和辞典』（大修館書店）は、『康熙字典』を含めた清朝考証学の最終地点、辞書の集大成とも評されています。『大漢和辞典』には、五万字以上の漢字が収録されています。常用漢字が二一三六字ですから、いかにたくさんなのかがうかがえます。この辞典に収められたことを根拠にして、JIS漢字やユニコードに採用された字も少なくありませんでした。そしてそこには、六十四画に達する漢字まで収められているのです。

その一つである「龍四つ」の漢字が載った辞典がほしかった私は、中学生になってついに『大漢和辞典』を手に入れました（笹原宏之『漢字ハカセ、研究者になる』岩波ジュニア新書、二〇二二）。「𪚥」（126ページ）は漢字研究の扉を開けてくれた、目映《まばゆ》いばかりの字でした。

この本は、その日本で最大の漢和辞典に収められた三十二画以上の漢字をすべて集めたものです。「麤」（58ページ）という字をどこかで見かけたことはありませんか？　この本にはそれに「艹（くさかんむり）」を被せた字や、「土」を下に加えた字、さらにその「鹿」の形が違う古めの字まで載せています。ほかにも日本で奈良時代から使われた字まで載っています。「靇」（60ページ）は『日本書紀』や『風土記《ふどき》』から「おかみ」、つまり水の神の名前に当てられ、今でも神社の名などで使われ続けています。

こうした漢字は眺めているだけで楽しいものでしょう。もちろん見た目に凄い字が並んだ面白い本と感じてもらってもよいのですが、それだけではもったいないので、頭脳に刺激を与えるために、手で書き写すという趣向を設けています。

辞典によって揺れを持つ部首、画数は『大漢和辞典』の情報に拠《よ》りました。字体、字形は明朝体で示していますが、付録で例示してあるように（後見返し）、楷書体で自然な筆法や自由な筆勢で大まかになぞってみても問題ありません。自然に筆が運べて字形が整いやすいという筆順もあるものですが、古来、それが定まらない字もたくさんありましたから、本書ではとくに模範となる筆順を示していません。

複雑すぎる形を持つ漢字が過去のどの時点で、どういう意図で作られたのかという字源や文化的、社会的な背景、そして実際に使われた典拠や用例についても、漢字研究の専門家の立場から、最新の調査をもとにした研究成果を盛り込んだコラム「ささひろ・ポイント」として収録しましたので、併せてお楽しみ下さい。

本書をマスターしたら、画数の多い漢字の世界を正確に理解できるようになるでしょう。そうしたら、その眼力を持つ人には違って見えてくる次の世界も待っています。

「籲」（14ジペー）は、今でも香港や台湾の道路などで見かけます。この本で馴染んでおけば、つぶれかけてはっきり読めなくとも現地で慌てることもなくなるでしょう。

広西や雲南地方に暮らす少数民族には、漢字の影響が見られるチワン文字やトンパ文字があり、後者には百足《むかで》のように筆画が多い字も見られます。ネット上でも見られるのでどんな文字かぜひ確認してみてください。ベトナムの字喃《チュノム》にも「〓」（ズァ　かめ）のような字が見られます。

日本では、『新撰字鏡《しんせんじきょう》』『類聚名義抄《るいじゅみょうぎしょう》』『字鏡《じきょう》』『字鏡集《じきょうしゅう》』などの字書に、日本独自の字まで収められているのですが、そうした中にも画数の多い字が見られます。室町時代になると、「〓　いわくら」「〓　はしだて（〓は影印の誤認による幽霊文字）」「〓　あまのはしだて」、平和な江戸時代になると「〓　あまのはしだて（五十六画）」「〓　おおいちざ」などが当時の国語辞書や戯作《げさく》の類に載ります（笹原宏之「京都の「天橋立」を表す日本製漢字の展開と背景―「〓」「〓」を中心に」『日本語文字論の挑戦　表記・文字・文献を考えるための17章』勉誠出版、二〇二一／『戸籍』二〇二〇～）。

これらに加え、西安の名物料理の「𰻞𰻟　ビアンビアン麺」や宮沢賢治の詩にある「〓」（笹原宏之『日本の漢字』岩波新書、二〇〇六）、日本産の幽霊名字の「𱁬　たいと」を「おまけ漢字」として巻末（127ジペー）に載せました。「おまけ漢字」が『大漢和辞典』に収められていないのは、まだその字が流行っていなかったり知られていなかったり、生み出されたりしていなかった時代に編纂されたためです。大規模な辞典であっても、見つけた全てを掲載しようとするものはむしろ稀《まれ》で、何か基準を設けて取捨選択をするものです。そうするためには、漢字に対する眼力、選択眼も求められますが、『大漢和辞典』は出典が確かかどうかという典拠主義をよく守っていたようです。

それでは、三十二画以上の堂々たる漢字の世界、眺めたり写したりしながらゆっくりとお楽しみ下さい。

笹原宏之

目次

凡例

◇画数が「夥《おびただ》しい」漢字の定義

大修館書店発行『大漢和辞典(全十五巻)』(以下大漢和辞典) 掲載の漢字のうち、最大画数六十四画から三十二画までの一二一字を抜粋した。

◇画数の数え方

大漢和辞典の画数に準拠。画数は一筆で続けて書く形を一画と数えるのが基本である。「与」や「及」のように折れ曲がった形をもつ文字でも、その部分は一画と数える。しかし、場合によっては何画で数えるか判断が難しい場合も生じてくる。たとえば、「比」の第二筆めや、「衣」の第四筆めなどは、書籍で一般的に使われている明朝体活字では二画のように見えるが、筆写する時はレのように続けるので一画である。

◇**掲載順**

定義にしたがって選んだ一二二文字を、画数の少ない順に並べた。同じ画数の漢字は、大漢和辞典の通し番号順に従って並べた。

◇**部首**

大漢和辞典の部首に準拠。漢字は表語文字であるため、見ただけでは確かな発音を知ることはできない。そこで、漢和辞典では、漢字を配列するのに一般に部首による方法が行われている。この「部首法」は、後漢の許慎《きょしん》が作った『説文解字《せつもんかいじ》』という辞書（紀元一世紀ごろ成立）に始まるとされている。→付録（巻末③）参照

◇**見出し漢字とお手本**

見出し漢字とお手本として薄く示した漢字の書体は、本書を印刷する会社が所有する印刷書体（フォント）であり、大漢和辞典のフォントとは異なる。

◇**なぞり書きにおける筆順**

筆順は書字の中で自然に生まれたもので、「正しい書き方」という唯一のものはなく、本書では示していない。基本的に「上から下」「左から右」の順に書けばよい。
→付録（巻末①②）参照

◆**なぞり書きにおける注意点**

お手本漢字のフォントは、横線の終わりに三角形のような部分（ウロコ）があったり、トメハネハライが三角錐のように広がったりすぼまったりしているが、これは文字のデザインによるもので、忠実になぞって書く必要はない。

◇**漢字説明の構成要素**

【大漢和番号】 その漢字の大漢和辞典における通し番号。

【字音】 その漢字の音読み。大漢和辞典の記述を抜粋。

【字義】 その漢字の意味。大漢和辞典の記述を抜粋して用例は省いた。

【出典】 その漢字の出処となる書物の名前。

【Ｕｎｉｃｏｄｅ】 その漢字の文字コード。

◇**字義で使われている言葉**

【義未詳《ぎみしょう》】 どういう意味をもつかわからないこと。

【本字《ほんじ》】 一般の正字（標準とされる康熙《こうき》字典体のこと）よりも、さらに字源的に忠実な形（篆文《てんぶん》をそのまま楷書《かいしょ》にしたような形）をした文字。亡→亾、留→畱など。

【古字《こじ》】 異体字（字音も字義も同じだが字体が異なる文字）のうち、特に古い起源を持つ文字。古文。禮→礼など。

【俗字《ぞくじ》】 字体は正字ではないが、世間一般に通用している文字。その多くはいわゆる「略字」である。糧→粮、蠣→蛎など。

【籀文《ちゅうぶん》】 書体の一種。周の太史籀《たいしちゅう》の作ったと言われるもので、秦の李斯《りし》が作った小《しょう》篆《てん》に対して大篆《だいてん》ともいう。秦系とされてきたが、異説がある。

【譌字《かじ》】 誤字。訛字《かじ》。うそ字。

◇**大漢和辞典からの変更点**

■他項を参照する漢字に大漢和番号とその字義を補った。【 】内が該当する。
■「〜に作る」は「〜と書く」に変更した。
■字音や字義の仮名遣いを現代仮名遣いにした。
■接続詞の漢字表記をひらがな表記にした。
■字義の記述には読みや漢字を補足した。［ ］内が該当する。靁［ライ／リュウ・ル］のような漢字の下のカタカナは「ライ」「リュウ」「ル」のように読む。
■熟語の用例・出典は省いた。

参考文献：『新漢語林』（大修館書店、二〇一一）

［山］部

𡿥

【大漢和番号】8668
【字音】ウツ　ウチ
【字義】山の煙ったさま。
【出典】字彙　【Unicode】21FE5

ささひろ・ポイント

「𡿥」は、金《きん》代［一一一五－一二三四］に編纂された字典『篇海《へんかい》』が、字書『玉篇《ぎょくへん(ごくへん)》』（当時伝わっていた四川《しせん》版）を引用して「山煙貌」と説明した漢字で、以降多くの辞書に掲載されてきました。すでに梁《りょう》代［五〇二－五五七］には昭明太子《しょうめいたいし》［五〇一－五三一］が作品で「𡿥岪」と使っていた例が見られます。「𡿥」は「鬱岪」（山気暗昧の状態）という畳韻《じょういん》（同じ韻をもつ漢字を二字重ねること）の熟語を山偏《やまへん》でそろえ、字体を同化させたものの片割れだったのです（楊宝忠『疑難字三考』中華書局、二〇一八／張涌泉『漢語俗字叢考』中華書局、二〇二〇修訂本参照）。

この字の旁《つくり》の「鬱」を俗字体の「欝」と略すこともありましたが、「𡺿」としてしまうと籠もった感じがいくらか薄れて見えませんか。

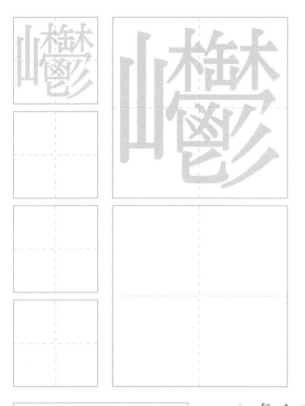

［手］部

𢺴

【大漢和番号】13060
【字音】ウツ　ウチ
【字義】ねじる。あるいは捥と書く。
【出典】集韻　【Unicode】22EB4

ワンポイント

紙を折り畳む意で、呉《ご》方言（中国語の五大方言の一つで中心地は上海や蘇州）など、各地の方言に見られる字です。上海方言でも使われました（『歴代方志文献集成』）。

［日］部

【大漢和番号】14328

【字音】コウ

【字義】黌《コウ・オウ》〖大 47985　まなびや［学び舎］〗に同じ。

【出典】字彙補　【Unicode】2A3EC

𣡽

【大漢和番号】15989
【字音】サツ・キ
【字義】義未詳。
【出典】五音篇海　【Unicode】2387D

ささひろ・ポイント

『漢語大字典』は この字について、字典『類篇《るいへん》』（『篇海《へんかい》』が引用するもので、現在見られる『類篇』とは別）を典拠とし、字音を「殺・其二音」、出典を『西江賦』としています。清代[一六一六―一九一二]初期の字典『（続《ぞく》）字彙《じい》補《ほ》』では字義について「義闕」（意味はわからない）としています。音読みや字義は似た字からの類推に過ぎないものもあり、「竹」を四つ重ねた「〓」も字音が「殺」とされているので、関連がありそうです。

出典の『西江賦』は現存しないようですが、「亳《はく》州老君碑」と称する石碑が各地の道観（道教寺院）などに実在しており、そこに「西江月」という題を掲げるものが見られます。石碑には「𣡕」「𣡽」はないものの、「〓」「〓」「〓」「〓」「〓」が使われているので、何かこの種の賦《ふ》（韻文）が他にも存在していたことがうかがえます。

かつて「𣡽」は「冊」（册）の異体字だとする意見がありました。字音がサツ -t ではなくサク -k など唐代の字音だとすれば違っていますが、可能性はあります。反切《はんせつ》や直音《ちょくおん》といった、漢字の音を他の字で表した例は、後代の地方の字書に載ることがあるためです。直音の「其」（キ）からは「箕」も想起されますが、古代文字の字形は似ていません。

なお「𣡽」のように同じパーツを八つも重ねるパターンの漢字は珍しいですが、「木」は「林」「森」のように重ねやすかったようで、四つ、五つ、六つ、八つのほか「〓」という九畳字まであり（116ページ）、漢字検索・印字ソフト「今昔文字鏡」は「𣡽」もパーツとして採用しました。

［木］部

𣡾

【大漢和番号】15990
【字音】コ
【字義】義未詳。
【出典】字彙補　【Unicode】2387E

ささひろ・ポイント

「𣡾」には熟語があったそうですが残っていません。

さて、一部の本、ネットやテレビなどでは「龍」を九つ書いた「字」や、一〇八画で煩悩を意味するという「字」が紹介されていますが、いずれも近年に生み出されたものです。前者は誤伝のようで、後者もある個人がWEB上で作り出して紹介したものです。

これらの字も今後辞書に載る可能性がありますが、今のところ文中で使われたことがないようなので、文字として認められるかどうかは微妙です。仮に文字だとされても、誤字や個人文字、遊戯文字、創作文字の範疇を出ていない段階にあります。

以前、漢字ミュージアム（京都府）に開館以来寄せられた創作漢字を六千種ほど分析したときには、数百画をもつ「字」が見つかりました。こうしたものは、江戸期の戯作者《げさくしゃ》による「嘘字」や、宋代《そうだい》［九六〇–一二七九］以降の中国における神智体の流れに捉えることもできます。神智体とは宋代に蘇軾《そしょく》［一〇三六–一一〇一］が初めて書いたとされる詩のジャンルで、漢字を分解したり字形の大小を変えたり字形を斜めに書いたりと、漢字に種々の細工を加えた遊戯性の高い謎々のような詩です。

［水］部

灪

【大漢和番号】18847

【字音】ウツ　ウチ

【字義】❶灪滃［ウツオウ／ウチオ］は，大水のさま。❷灪磈［ウツワイ］は，高峻のさま。

【出典】①集韻　②木華，海賦

【Unicode】706A

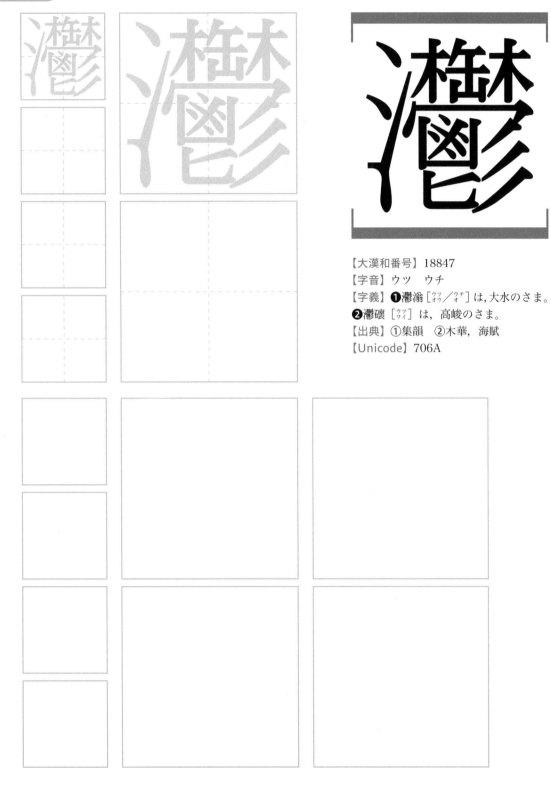

［火］部

【大漢和番号】19650
【字音】スイ
【字義】燧《スイ》〘大 19469　①ひとり。②たいまつの火。③火をとる。また，やく［焼く］。（略）〙の本字。
【出典】中華大字典
【Unicode】28F75

ワンポイント　手書きをする時、「辶」は「辶」と書いてもかまいません。

𤴐

【大漢和番号】21992
【字音】ライ
【字義】靁《ライ／リ ユウ・ル》〖大 42518　1①いかづち［雷］。②なげくこえ。③亀の属。④姓。2①かめの名。〗の古字。
【出典】集韻　【Unicode】24D10

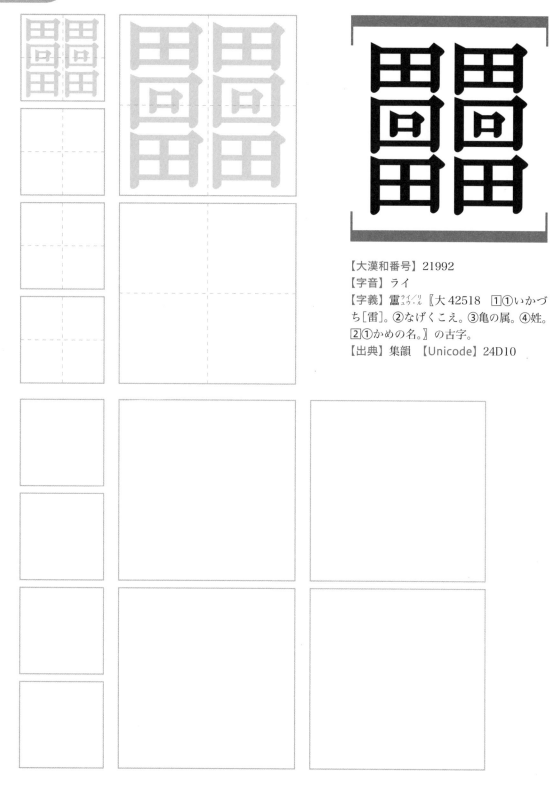

［竹］部

籲

【大漢和番号】26831
【字音】1ユ　2ヤク
【字義】12❶よぶ。さけぶ。❷やわらげる。
【出典】①説文／書，泰誓中／傳　②小爾雅，廣言／傳　【Unicode】7C72

■熟語
【籲號】《ユゴウ》　呼び叫ぶ。【籲懇】《ユコン》　歎願する。懇願する。
【籲俊】《ユシュン》　賢者を招く。【籲請】《ユセイ》　請い願う。
【籲天】《ユテン》　天によびさけぶ。天に祈り訴える。
【籲門】《ユモン》　清、駱秉章［ラクヘイショウ］の字《あざな》。

ワンポイント　台湾や香港などで、多数の人に何かをして欲しいと知らせる場合に「呼籲乘客們請勿強行進入車廂」（駆け込み乗車はおやめください）のように使われています。新聞やニュースで見ることが多い字で、簡体字は「吁」、字音は yù。

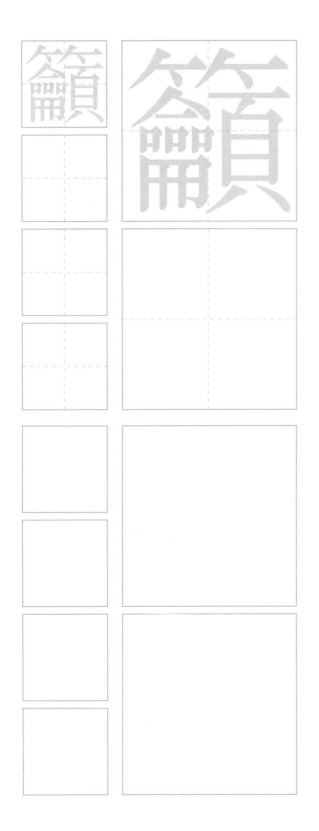

［缶］部

𦉩

【大漢和番号】28198
【字音】ライ
【字義】罍《ライ／ルイ》〖大28187　①さかだる。②たらい。〗の古字。
【出典】集韻　【Unicode】26269

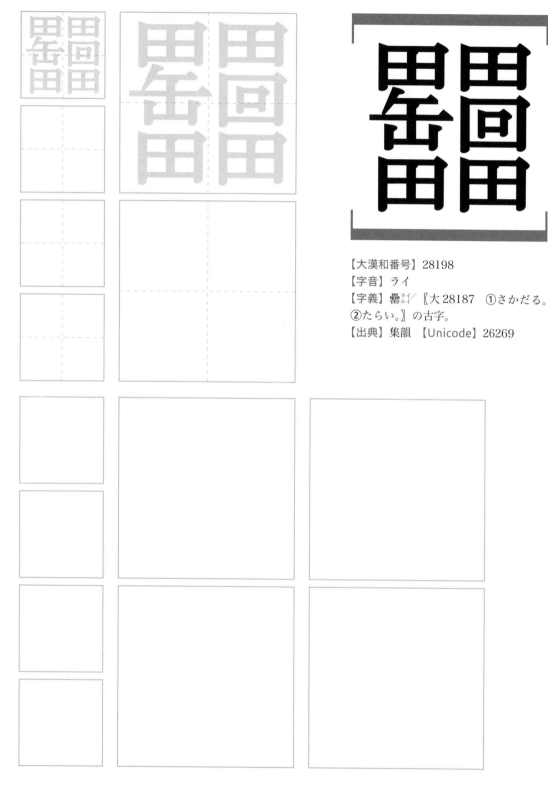

［虫］部

𧖤

𧖤

𧖤

【大漢和番号】33963
【字音】ソウ
【字義】螬《ソウ・ゾウ／シュウ・ジュ》〘大 33493　①蠐螬［セイソウ］は，こがねむしの幼虫。糞土中に生ずる。もと𧖤《ソウ》（大 33963）と書く。②蠐螬は，きくいむし。かみきりむしの幼虫。(略)〙の本字。
【出典】康熙字典　【Unicode】275A4

［衣］部

𧟛

【大漢和番号】34758

【字音】シュウ

【字義】襲《シュウ・ジュウ》〖大 34717　①おそう。②かさねる。③かさなる。(略)〗の古字。

【出典】字彙補　【Unicode】277DB

［酉］部

𨤎

【大漢和番号】40114
【字音】エン
【字義】酯《シ》〖大 39861　化学用語。有機根と酢根との化合物をいう。エステル〗の旧称。
【出典】辭海　【Unicode】2890E

ワンポイント
「釅」（20ページ）参照。

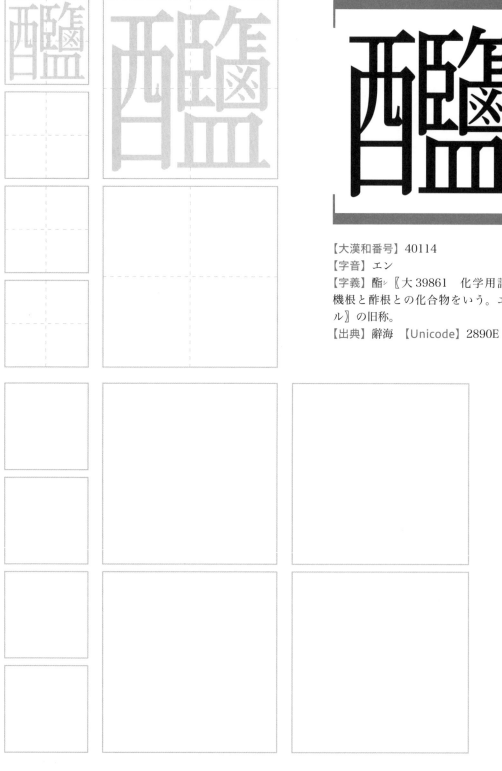

［金］部

𨰻

【大漢和番号】41099
【字音】ホウ／ギョク
【字義】義未詳。
【出典】捜眞玉鏡　【Unicode】28C3B

ささひろ・ポイント

「金」四つで音読みは「ホウ（宝）」「ギョク（玉）」。これは一種の「望文生義《ぼうぶんせいぎ》」（望レ文《ブンをのぞみ》生レ義《ギをショウず》）文章を解釈するとき、字義をよく考えず、その前後から推定すること）に似た行為によるもの、つまり字面から思いついた音読みにすぎないのかもしれません。出典の『捜眞《そうしん》玉鏡《ぎょくきょう》』（現存せず）から見て道教に関連する字のようです。

［門］部

𨷽

【大漢和番号】41532
【字音】エン
【字義】義未詳。
【出典】字彙　【Unicode】28DFD

ささひろ・ポイント

「𨷽」は出典の『字《じ》彙《い》』が「内典」から引用している字であることから、仏教系の漢字で、仏典に現れたものでしょう。内典とは仏教の書物を指す言葉です。同じ旁《つくり》の「〓」を使った新しい漢字には、「〓」（18ページ）という、清代以降、おそらく中華民国期［一九一二―一九四九］に化学の世界で作られたと見られるものもあります。この字は、『続《ぞく》辞《じ》源《げん》』に現れます（黄河清『近現代漢語辞源』上海辞書出版社、二〇二〇）。

𨷾

【大漢和番号】41533
【字音】トウ／ダツ
【字義】義未詳。
【出典】捜眞玉鏡　【Unicode】28DFE

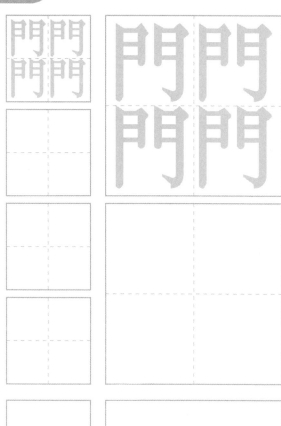

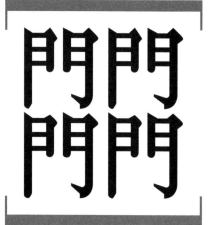

［隹］部

䨊

【大漢和番号】42207
【字音】エン
【字義】鳥がむらがる。また，鳥のむれ。
【出典】説文　【Unicode】4A0A

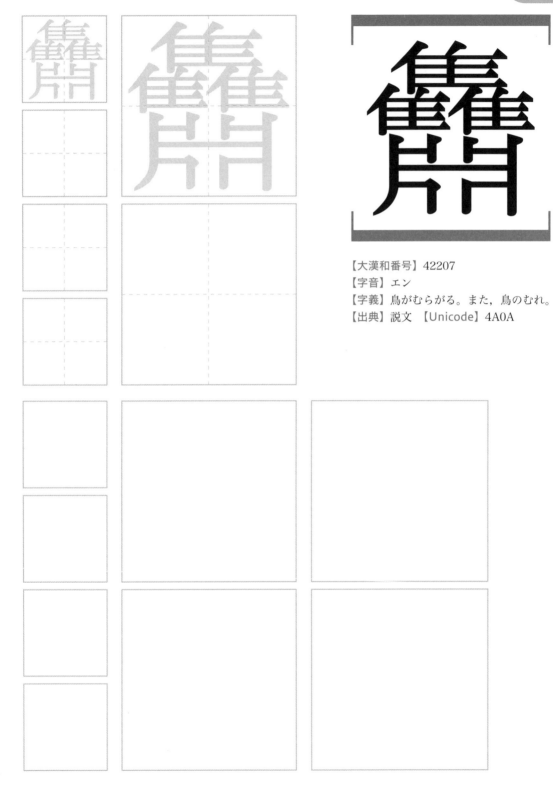

32画

［隹］部

𩁴

【大漢和番号】42208
【字音】ウン
【字義】義未詳。
【出典】捜眞玉鏡　【Unicode】29074

ワンポイント

「[illegible]」（22ジペー）と関連していそうです。

［革］部

𩎌

【大漢和番号】43103
【字音】ケン
【字義】韅《ケン》〖大 43069　馬車の革紐の名〗に同じ。
【出典】字彙　【Unicode】2938C

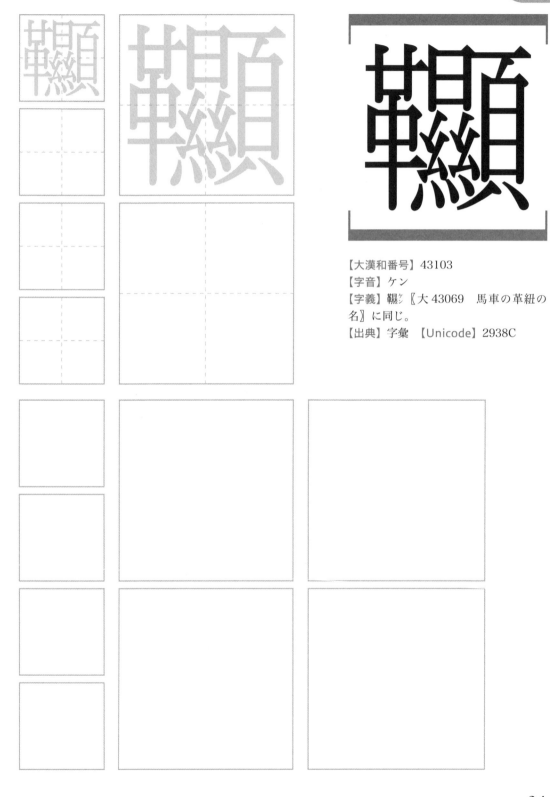

［革］部

𩎍

【大漢和番号】43104
【字音】ケン
【字義】韅《ケン》〖大 43069　馬車の革紐の名〗に同じ。
【出典】集韻　【Unicode】2938D

ワンポイント　金文（青銅器に鋳込《いこ》まれた文字）にも見られる字です。「韅」（24ページ）参照。

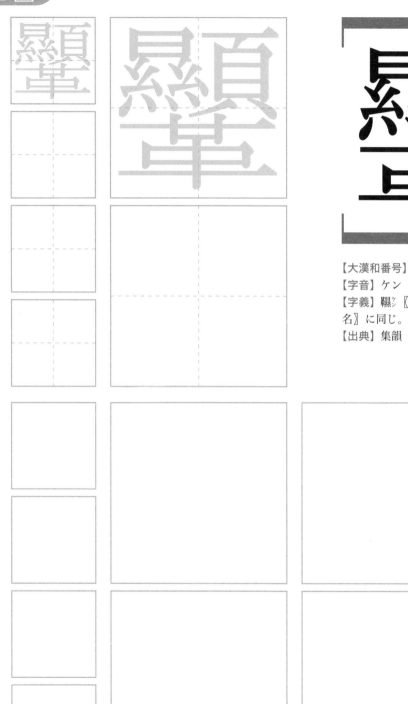

［鬲］部

【大漢和番号】45756

【字音】ヤク

【字義】鬻《ヤク》〘大 45752　ゆでる〙に同じ。

【出典】集韻　【Unicode】29C76

［魚］部

𩽵

【大漢和番号】46629
【字音】レイ　ライ
【字義】うなぎ。やつめうなぎ。鱧《レイ・ライ》〖大46542　①おおなまず。②やつめうなぎ。〗に同じ。
【出典】説文／玉篇
【Unicode】29F75

𩽶

【大漢和番号】46630

【字音】シン

【字義】鱏《シン・ジン/イン》〖大 46488　①かじき。かじきとうし。しび。まぐろ。もと𩽶《シン》(大 46630）と書き，俗に鱘《シン・ジン》（大 46504）と書く。②えい。〗の本字。

【出典】正字通　【Unicode】29F76

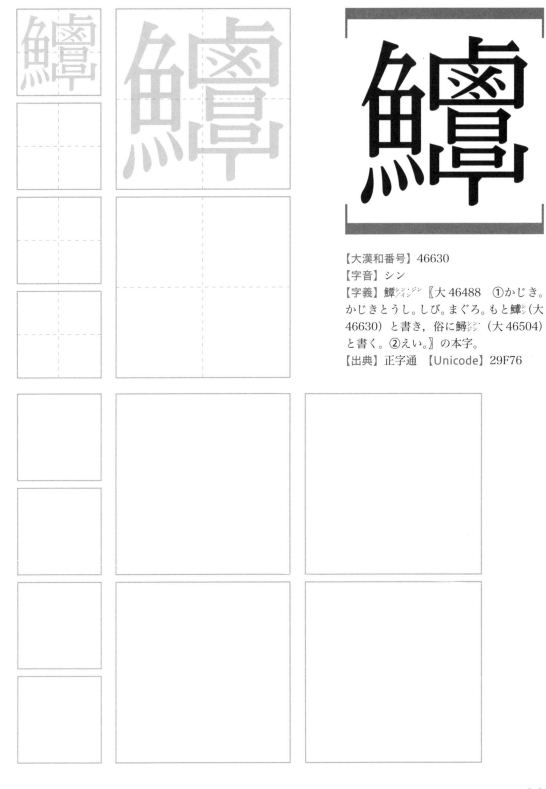

[魚]部

𩽷

【大漢和番号】46631
【字音】ハ
【字義】鯸𩽷は，魚の名。
【出典】中華大字典
【Unicode】29F77

［鳥］部

𪈸

【大漢和番号】47518
【字音】カン
【字義】鳥の名。
【出典】字彙補　【Unicode】2A238

［鳥］部

𪈹

【大漢和番号】47519

【字音】リ

【字義】鸝《リ／レイ・ライ》〖大 47507　①黄鸝はちょうせんうぐいす。黄鶯[コウオウ]。倉庚[ソウコウ]。②離（大 42140）に同じ。③黐《レイ・ライ／リ》（大 42189）・鵹《リ／レイ・ライ》（大 47029）に同じ〗に同じ。

【出典】奚韻　【Unicode】2A239

［鳥］部

𪈺

【大漢和番号】47520

【字音】ショク

【字義】屬《ショク・ソク／ショク・ソク／シュ》〖大 7821　①つらなる［連なる］。つづく［続く］。②つづける。つらねる。③つなぐ。(略)〗に同じ。屬玉［ショクギョク］は，水鳥。

【出典】中華大字典

【Unicode】2A23A

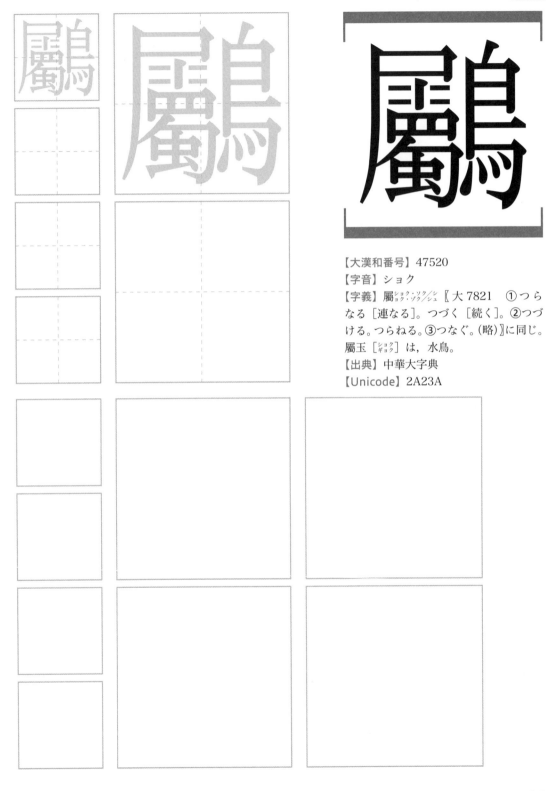

[歯]部

𪚁

【大漢和番号】48804
【字音】レン
【字義】歯の現れるさま。
【出典】説文 【Unicode】2A681

［齒］部

𪚄

【大漢和番号】48805
【字音】レン
【字義】𪚃《レン》〘大48804　歯の現れるさま〙に同じ（33ページ参照）。
【出典】中華大字典
【Unicode】2A684

［齒］部

𪚂

【大漢和番号】48806

【字音】ハク

【字義】⿰口尃《ハク》〖大 4085　①かむさま。②⿰齒尃《ハク》（大 48748）に同じ。〗に同じ。

【出典】集韻　【Unicode】2A682

［齒］部

𪚃

【大漢和番号】48807
【字音】サン　ゼン
【字義】𪚃𪙨［サン ゲン］は，歯が高い。
【出典】集韻　【Unicode】2A683

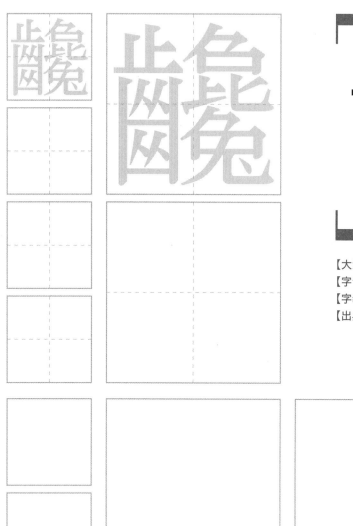

［龍］部

龖

【大漢和番号】48843
【字音】1トウ　ドウ　2ソウ
【字義】12❶飛龍。また，龍の飛ぶさま。❷おそれる。
【出典】①説文／廣韻　②六書精蘊
【Unicode】9F96

ワンポイント

「⿱龖衣」（104ページ）参照。

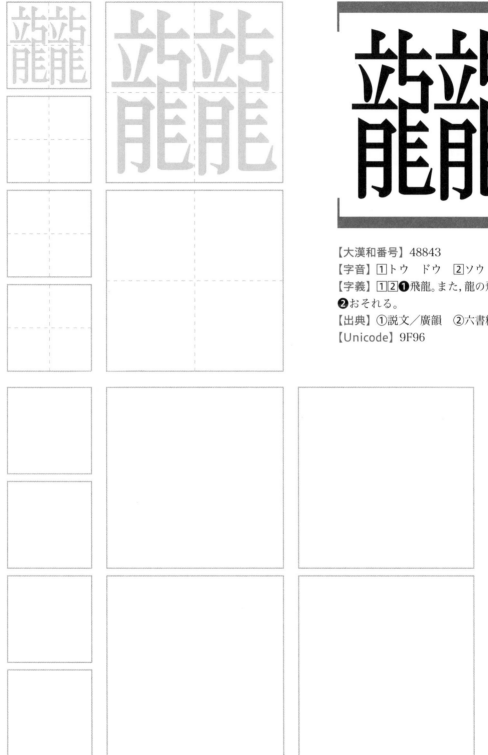

［雨］部

【大漢和番号】49871
【字音】カク
【字義】霩《カク》〖大 42420　①はれる。②ほがらかなさま。〗の本字。
【出典】なし　【Unicode】291D1

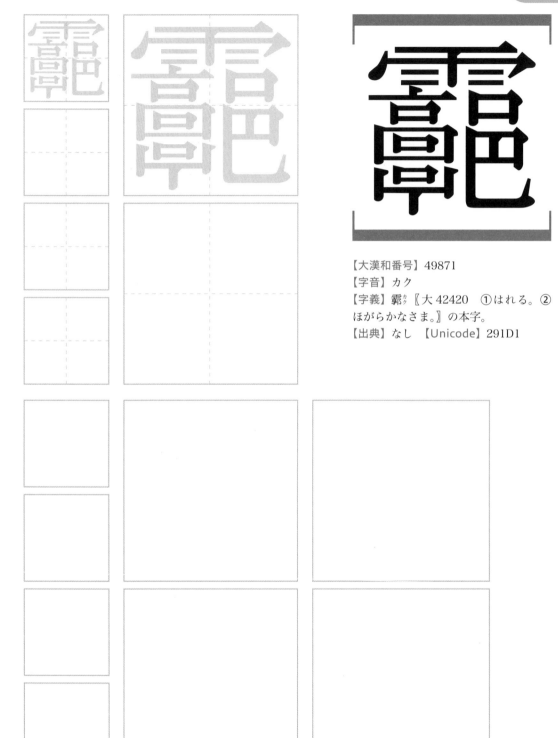

［髟］部

𩰉

【大漢和番号】補 741
【字音】ノウ
【字義】髪が乱れる。
【出典】集韻　【Unicode】29C09

【卜】部

𠨌

【大漢和番号】2835
【字音】スイ
【字義】義未詳。
【出典】捜眞玉鏡　【Unicode】20A0C

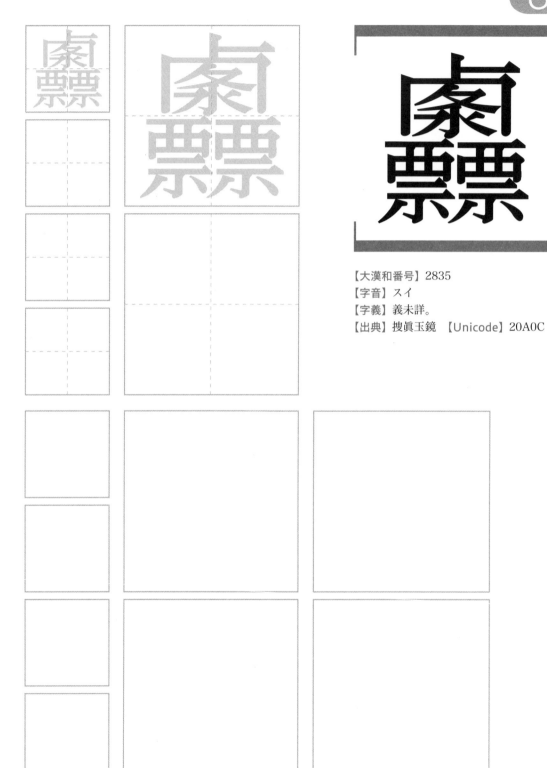

𤆀

【大漢和番号】18848

【字音】ヒュウ　ヒュ

【字義】水の音。

【出典】集韻　【Unicode】24180

［火］部

爩

【大漢和番号】19651

【字音】ウツ　ウチ

【字義】❶けぶる。けぶるさま。❷けむり。煙気。

【出典】①玉篇／集韻　②廣韻

【Unicode】7229

ワンポイント　南寧《なんねい》（現在の広西《こうせい》チワン族自治区の首府）の方言に残っています。おそらく口語《こうご》の本字（書証のある古例）と思われます（『現代漢語方言大詞典』）。

［火］部

𤓮

【大漢和番号】19652
【字音】ウツ
【字義】熨《イ/ウツ・ウチ》〘大 19346　1①おさえる。おさえあたためる。②尉《イ/ウツ・ウチ》（大7440）の俗字。2①のす。②ひのし。〙に同じ。
【出典】集韻　【Unicode】244EE

ワンポイント

「爩」（42ページ）参照。似ていますが別の字です。

［田］部

𤴑

【大漢和番号】21993
【字音】ライ
【字義】雷《ライ／ルイ》〖大 42245 1①かみなり。②大声の形容。③はげしいさまのたとえ。(略) 2①城を守るに用いる武器。②たたく。3石を推し落とす。〗の古字。
【出典】字彙補 【Unicode】24D11

ワンポイント

「𤳳」（13ジペー）参照。

［皿］部

【大漢和番号】23104
【字音】カイ
【字義】義未詳。
【出典】海篇　【Unicode】250E3

ワンポイント　「盖」の部分をもとの「蓋」とすれば四十二画になります。

［米］部

𥾄

【大漢和番号】27220

【字音】ゾク

【字義】⿱卤米《ゾク》〖大 27029　粟《ショク・ソク／ゾク》（大 26922）の本字〗の古字。

【出典】玉篇　【Unicode】25F84

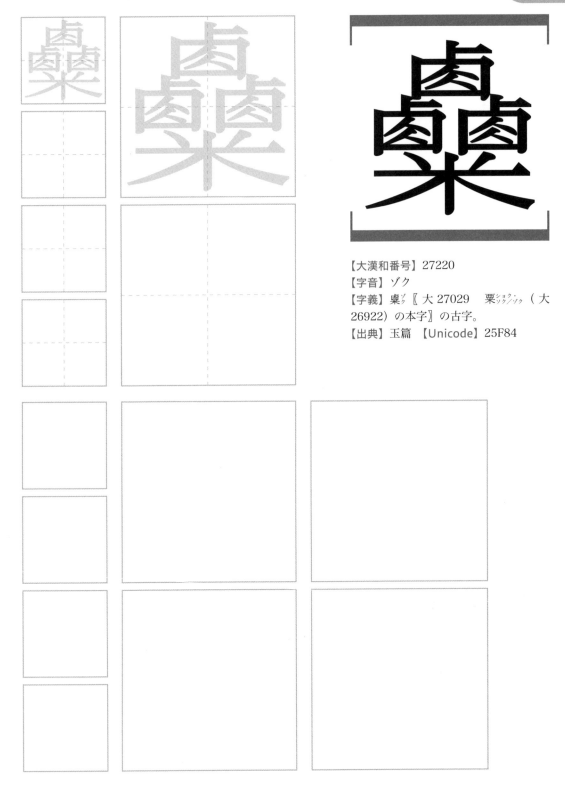

［艸］部

䖇

【大漢和番号】32670

【字音】ウツ　ウチ

【字義】草の名。うっこんそう。いにしえ，この草を酒に浸して鬰鬯［ウッチョウ］酒を造り，祭祀に用いた。鬰《ウツ・ウチ》（大45670）・鬱《ウツ・ウチ》（大45671）に同じ。

【出典】玉篇／集韻　【Unicode】4587

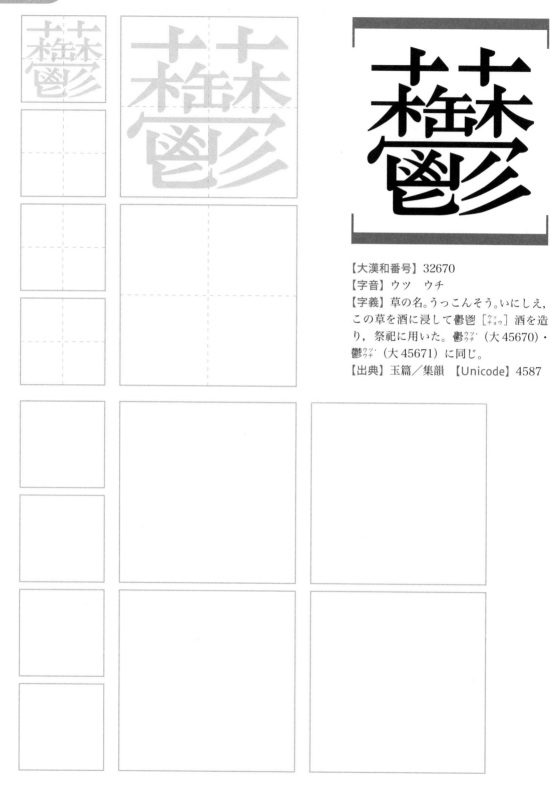

［艸］部

𧆙

【大漢和番号】32671
【字音】ソン
【字義】香草。
【出典】字彙補　【Unicode】27199

［衣］部

𧟜

【大漢和番号】34759
【字音】カウ　コウ
【字義】義未詳。
【出典】捜眞玉鏡　【Unicode】277DC

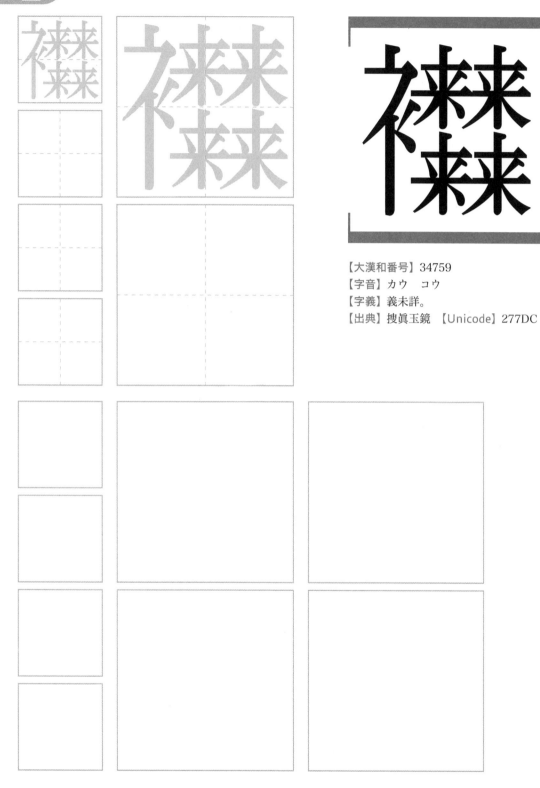

[阜]部

𨽴

【大漢和番号】41922
【字音】アイ
【字義】隘《アイ：エ／アク・ヤク》〖大 41791　1①せまい。②けわしい。③ちいさい。(略) 2へだてる。とめる。〗の籀文［チュウブン］。
【出典】康熙字典　【Unicode】28F74

ささひろ・ポイント

この字は「隘」(篆《てん》文《ぶん》に基づく字体やそのこざとへんが口になった字) の古い字と考えられます。『説文解字《せつもんかいじ》』の篆文を隷定《れいてい》(楷書化) したもので、その横線や縦線に増減のある異体字も見られます (台湾教育部『異体字字典』ほか)。『説文解字』の説明がやや入り組んでいるのですが、清《しん》の段《だん》玉裁《ぎょくさい》[一七三五-一八一五] は「𦳊」の部分を声符と見ました。白川静《しらかわしずか》[一九一〇-二〇〇六] は『字統』で「水溢の象」に従うと見ています。左右の要素は「阜」の古い形を向き合わせたものです。『康熙字典《こうきじてん》』は籀文《ちゅうぶん》として『説文解字』から引いています。『玉篇《ぎょくへん》』『広韻《こういん》』『字彙《じい》補《ほ》』などにもあったのですが、これは孫引きではなかったようです。

［革］部

𩎏

【大漢和番号】43105
【字音】カク
【字義】鞹《カク》〘大 42993　①つくり皮。②きがわ。③あるいは鞟《カク》（大 42903）と書く。④いにしえ，鞥《カク》（大 42980）と書く。〙の本字。
【出典】中華大字典
【Unicode】2938F

［革］部

𩎎

【大漢和番号】43106

【字音】カク

【字義】⿰革棘《カク・キャク／キョク・ゴク》〘大 43026　①たづな。②たづなのさき。③くつわ。(略)〙に同じ。

【出典】玉篇　【Unicode】2938E

ワンポイント

「⿰衤⿱棘棘」（49ジペー）と関連しているかもしれません。

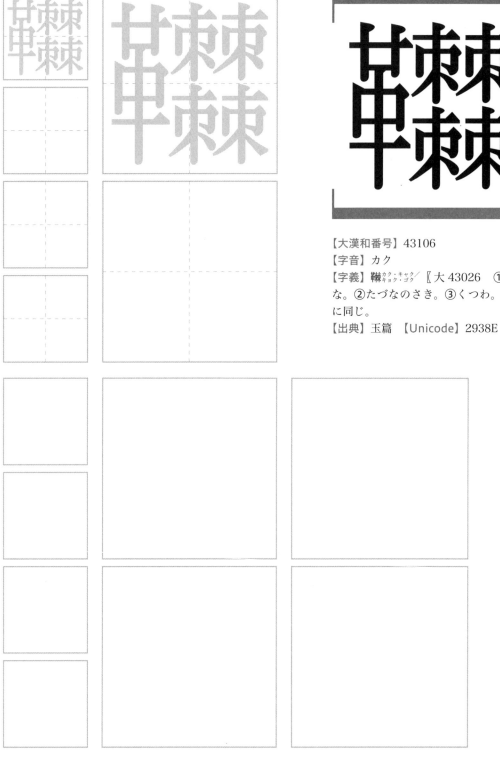

［音］部

𩑊

【大漢和番号】43332
【字音】レイ　リョウ
【字義】ね。 お と。 䨩《レイ》〖大 43330 𩑊《レイ・リョウ》（大 43332）に同じ。〗に同じ。
【出典】集韻 【Unicode】2944A

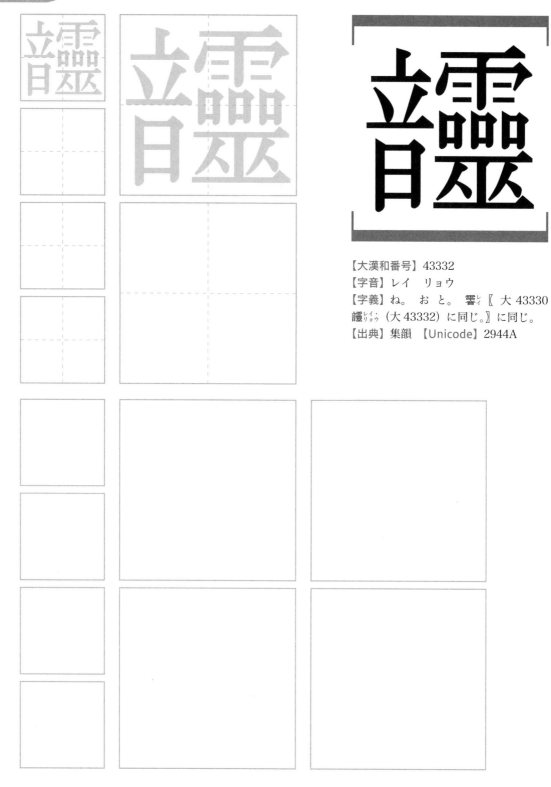

［食］部

𩟽

【大漢和番号】44488

【字音】未詳

【字義】𩟽𩟾は，死者の霊が食を求めること。

【出典】章有謨，景船齋集

【Unicode】297FD

ささひろ・ポイント

『大漢和辞典』が引用する『景船齋《けいせんさい》集《しゅう》』に、この字は明《みん》の皇帝の夢に出てきた二字のうちの一つで、道教の経典の叢《そう》書《しょ》である『道蔵《どうぞう》』の『法海玄《ほうかいげん》珠《じゅ》』にあると述べられています。実際には明代の『法海遺珠』と一字だけ異なっている書籍が『道蔵』に収められており、そこに「元皇賓剳下」として「[illegible][illegible]餞𩟽[illegible]𩟾」で始まる呪符として載っていたのです。

ただし、そこでは死者の霊が食を求めるという意はとくになかったようです。『漢語大字典』はlingという音を載せています。

鱻

【大漢和番号】46632
【字音】セン
【字義】1あたらしい。また，なまうお[生魚]。なまにく[生肉]。2すくない。
【出典】集韻　【Unicode】9C7B

■熟語

【鱻羽】《センウ》 魚と鴈［ガン／ゲン］ 大46734 ❶あひる。❷雁。」。
【鱻薨】《センコウ》 生肉と乾肉。【鱻餐】《センサン》 鮮魚の食事。
【鱻食】《センショク》 魚鼈［ギョベツ］ 魚とすっぽん。転じてひろく魚類をいう。」をいう。鮮食。

ささひろ・ポイント

魚三つの「鱻」は、鮮と同じ意味で、元代［一二七一‐一三六八］に文人・鄭采《ていさい》（東元《とうげん》）［一三〇九‐一三六五］が自分の詩に「鱻鱻」と用いました。「鱻」の原初の意味は、鮮魚の臭いだったと推測されています（裘錫圭著、稲畑耕一郎ほか訳『中国漢字学講義』東方書店、二〇二三）。空海［七七四‐八三五］の『篆隷万象名義《てんれいばんしょうめいぎ》』（現存最古の日本製字書）巻二十四に、「㷄」三つの字に「骨連反（ケン）小㷄」と注があり、字書の原本『玉篇《ぎょくへん》』にはそうあったことがうかがえます。

かつて新潟市内にこの字を「セン」と読ませる魚料理のお店があったなど、店名に使われている例が見られます。中国や台湾には「犇羴鱻」「鱘鱻生猛活海鮮」というレストランがあり、どちらのお店も素材が豊富だというアピールが伝わってきます。天治本『新撰字鏡《しんせんじきょう》』（平安時代の字書）の品字様部には「肉なます」という訓があります。

ちなみに中国では、甲骨文字《こうこつもじ》（亀の甲羅などに刻まれた文字）や金文《きんぶん》（青銅器に鋳込《いこ》まれた文字）に、「[illegible]」や、「[illegible]」（漁の字）ことだと解読されている）など、楷書にしたら「鱻」よりも画数が多い文字としてすでにありました。「[illegible]」（83ページ）のコラムも参照して下さい。

𪈻

【大漢和番号】47521

【字音】ケン　ゲン

【字義】𪈻鴿は，ははつちょう。あるいは鸜《ク・グ／ケン・ゲン》〖大 47502〗・鸛《カン／カン：ガン／ケン・ゲン》〖大 47500〗と書く。

【出典】集韻　【Unicode】2A23B

𪈼

【大漢和番号】47522
【字音】ジョウ　ニョウ
【字義】鳥の名。
【出典】篇海　【Unicode】2A23C

ささひろ・ポイント

宋代《そう》［九六〇—一二七九］までに「鳥」を三倍に増やして作られた字です。辞書では鳥の名前と説明されていますが、要するにそのまま「鳥」ということで、発音も「鳥」が少し変わっただけなので、方言だろうと考えられています（楊宝忠『疑難字続考』中華書局、二〇一二）。

清代《しん》［一六一六—一九一二］の小説では、鳥の意で実際に使われました。清代の文人・繆艮《ぼくこん（びゅうこん）》も『塗説《とせつ》』という書籍の中で、「半林好鳥𪈼・𪈼唱」といった字を用いた「奇字詩」を見たと述べていますが、「𪈼」は大漢和辞典に載せていません。

中国の作家許欽文《きょきんぶん》［一八九七—一九八四］の小説にも方言表記として見られ、福建語による七言律詩「怪字詩」（83ページ、88ページ）や広東語《かんとん》による「呂祖詩《りょそし》」「客家《はっか》諺語《げんご》」にも詠み込まれています。ユニコードには、上に鳥に二つを並べた簡体字「[illegible]」も採用されています。

日本では、平安時代［七九四—一一八五／一一九二］の天治本『新撰字鏡《しんせんじきょう》』の品字様部に「ひな」との訓が付されています。南北朝時代［一三三七—一三九二］に僧の圓一《えんいち》が編んだ『琑玉集《しょうぎょくしゅう》』（一三八九、［さぎょくしゅう］とも／丁海鈴『琑玉集の研究』古辞書研究会、二〇〇四ほか）という漢字の教科書には、鳥を三羽書くことから「むらがる」と新たに振り仮名を付けて読んでいます。この本は教科書でありながら異体字や造字、国訓《こっくん》（元の意味から外れて日本人が独自に用いるようになった意味）も載せてあり、実用を離れた本でもありました。中世にはそんな怪しげな本も多く、信頼性はなくとも流布していました。「䨺」（88ページ）のコラムも参照して下さい。

［鹿］部

麤

【大漢和番号】47714
【字音】ソ　ゾ
【字義】❶はなれる。とおざかる。❷あらい。❸あらぬの。❹ほぼ。あらまし。❺おおきい。（略）
【出典】集韻　【Unicode】9EA4

■熟語
【麤穢】ソアイ／ソワイ　汚い。
【麤悪】ソアク　荒くて悪い。粗末なこと。
【麤衣】イソ　粗末な着物。　このほかに六十八の熟語がある。

ささひろ・ポイント

「麤」は一万種くらいの字を収める漢和辞典の中で、総画索引の一番最後を飾る画数の多い字として見られます。いわゆる品字様《ひんじよう》（同じ漢字を三つ組み合わせた漢字）の代表です。

「粗」（ソ・あらい）に通じる漢字で、後漢時代［二五―二二〇］の字書『説文解字《せつもんかいじ》』［一〇〇］に篆書《てんしょ》体《たい》で収められたこともあって、日本でも奈良時代から『古事記』『日本書紀』『懐風藻《かいふうそう》』などで実際によく使われてきました。『古事記』に描かれた古墳時代の豪族・物部荒甲《もののべのあらかひ》は、『日本書紀』では物部麤鹿火と書かれており、現在でも「麤皮《あらがわ》」という高級肉料理店の名に使われています。

江戸時代に流行した漢字の教科書『小野篁歌字尽《おののたかむらうたじづくし》』では「おろかめめざこ」として「麤 鱻」の文字が並んでいます。現代のWEBでは「馬鹿」を強調した「驫麤」という表現まで見られます（驫は68ページ参照）。

「麤」はきちんと書くのが大変なので「麁」という略字が中国で生まれ、日本でもよく使われていました（「麁」を三つ重ねた字体もあった）。「塵」という字も、もとは「鹿」を三つ書いて下に土を書くものでした（94ページ／『中国漢字学講義』東方書店、二〇二〇）。「麤麤《ソソ》」という熟語もありますが、繰り返し記号を「麤々」のように三つ使えば、「鹿」は一度書くだけで済みます。平安時代の字書である『類聚名義抄《るいじゅみょうぎしょう》』では「〻」と略しています。

［鼓］部

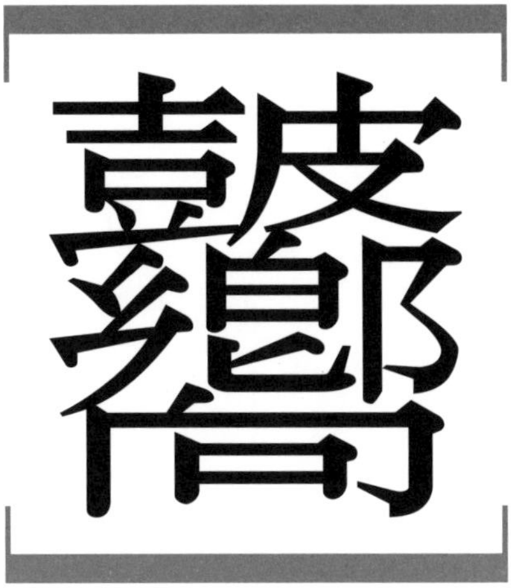

【大漢和番号】48389
【字音】キョウ
【字義】義未詳。
【出典】篇海類編　【Unicode】2503E

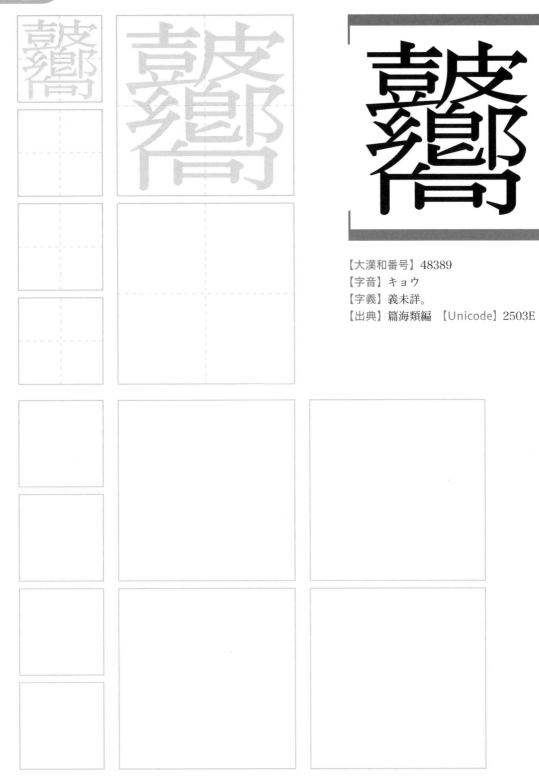

［龍］部

龗

【大漢和番号】48844
【字音】レイ　リョウ
【字義】❶龍。❷かみ。また，よい。❸いにしえ，霝《レイ》（大42494）・霛《レイ》（大42495）・龕《レイ》（大48831）と書く。
【出典】集韻　【Unicode】9F97

ささひろ・ポイント

「龗」は序文で紹介したように、『日本書紀』や『風土記』では水の神の名前「おかみ」に当てられています。

秦の国［前九〇五－前二〇六］では「霊（靈）」を「龗」と書くことがあり（白于藍主編『先秦璽印陶文貨幣石玉文字彙纂』福建人民出版社、二〇一二）、この字を隷定《れいてい》（楷書化のこと）した字体は三十七画に及びます。

江戸時代後期の読本《よみほん》作家・高《たか》井《い》蘭山《らんざん》［一七六二－一八三八］が編み、工藤寒斎《くどうかんさい》が増補して明治元年［一八六八］に刊行した『名乗字引《なのりじびき》』の末尾のほうに、この字に対して「よし」「たつ」という名乗り訓が収められています。

𪛈

【大漢和番号】48881

【字音】レイ　リョウ

【字義】黄𪛈［コウレイ／オウリョウ］は，亀の名。

【出典】集韻　【Unicode】2A6C8

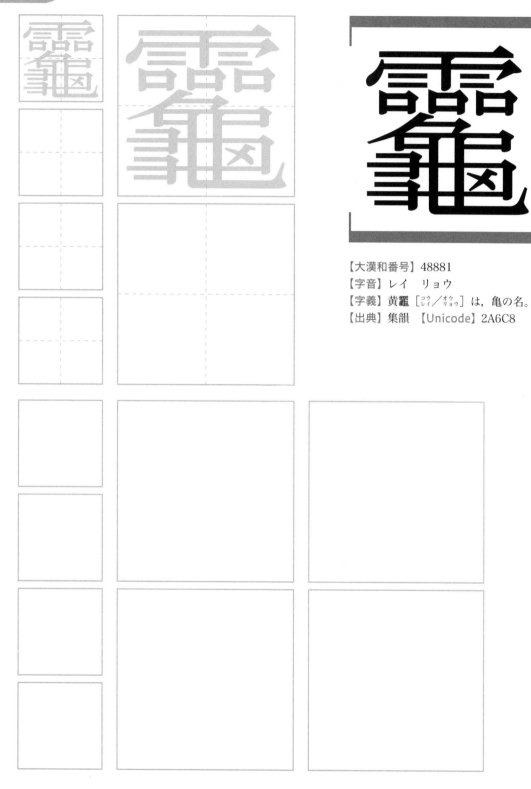

［龠］部

𪛕

【大漢和番号】48901

【字音】ショウ

【字義】簫《ショウ》〘大 26560　①しょうのふえ［簫の笛］。②舜［シュン］の楽［ガク］の名。③ゆはず。(略)〙に同じ。

【出典】玉篇　【Unicode】2A6D5

ワンポイント　この字に「灬」を付けた「⿰龠⿱龜灬」（102ページ）という字が大漢和辞典最後の字です。

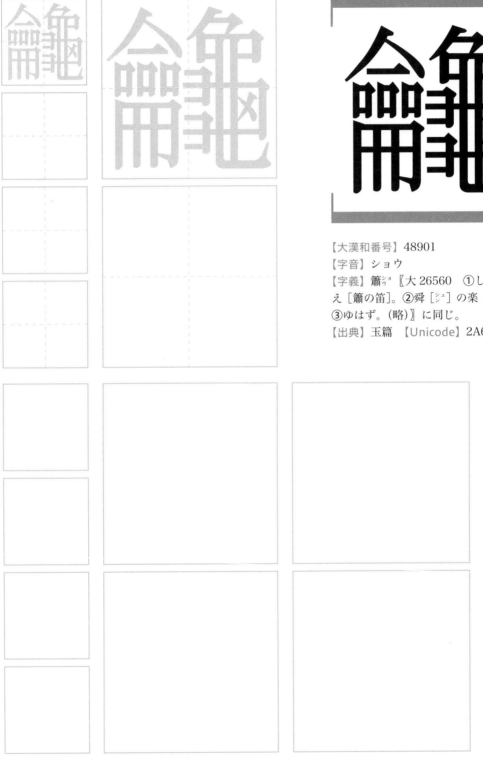

𡔘

【大漢和番号】49001
【字音】チン
【字義】⿱麤土《チン・ジン》〘大 47716　①ちり。ほこり。②俗に尘《ジン》（大 7484）と書く。〙の籀文［チュウブン］。
【出典】なし　【Unicode】21518

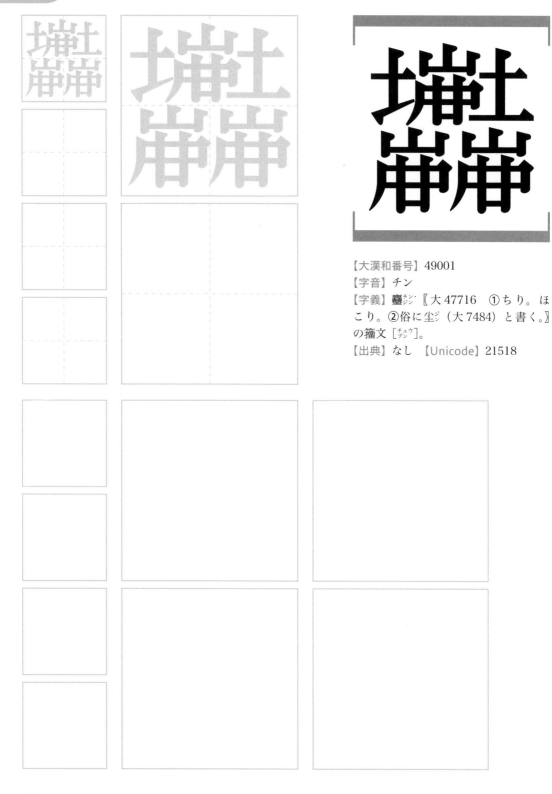

［力］部

𠣋

【大漢和番号】2492

【字音】リョ

【字義】𠣊《リョ・ロ》〖大 2491　①たすける。あるいは勴《リョ・ロ》（大 2467）と書く。②みちびく。〗に同じ。

【出典】海篇　【Unicode】208CB

［矛］部

𥎤

【大漢和番号】23927

【字音】サン

【字義】鑹《サン》〖大41072　こぼこ。小さいほこ［矛］。あるいは𥎤《サン》（大23927）と書き，また穳《サン》（大23925）と書く。〗に同じ。

【出典】集韻　【Unicode】253A4

ワンポイント　キャンプでおなじみ「飯盒炊爨《はんごうすいさん》」の「爨」はこの字の旁《つくり》で二十九画です。「[illegible]」（114ページ）のコラムも参照して下さい。

［石］部

𥘄

【大漢和番号】24622
【字音】ウツ　ウチ
【字義】𥘄碨［ウツワイ］は，小石。
【出典】集韻　【Unicode】25604

[風]
部

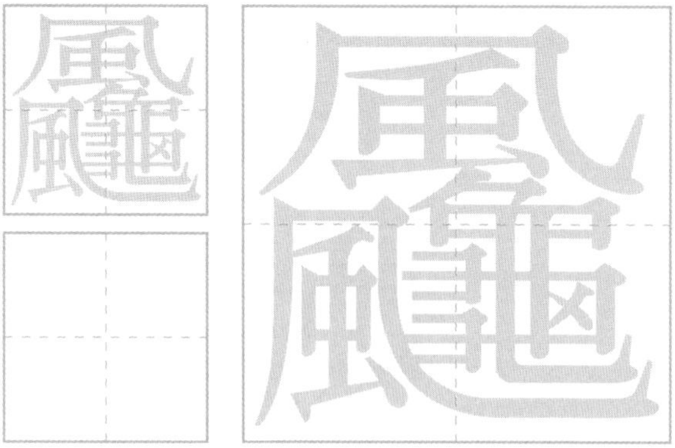

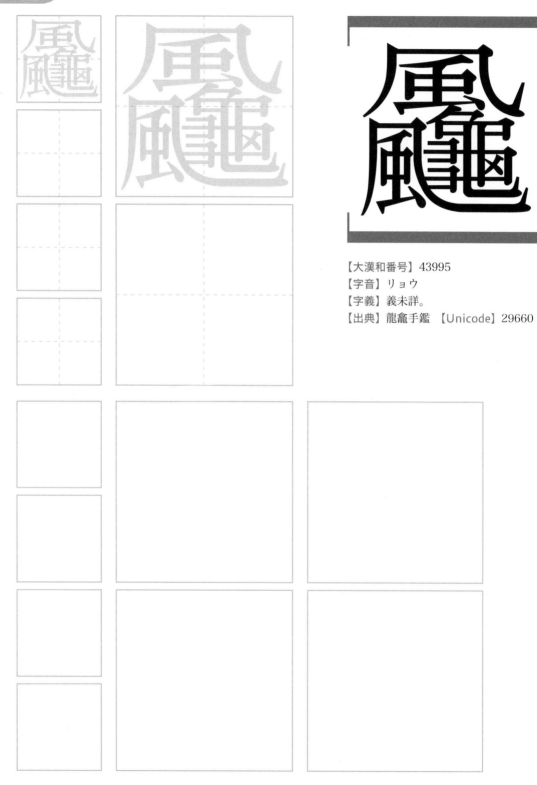

【大漢和番号】43995
【字音】リョウ
【字義】義未詳。
【出典】龍龕手鑑　【Unicode】29660

［馬］部

䯂

【大漢和番号】45096
【字音】1シン　2シュウ　ジュウ
【字義】1❶おおくてさかんなさま。❷衆馬の行くさま。2木のさかんなさま。
【出典】集韻　【Unicode】4BC2

ワンポイント　この字と同じパーツからなる二字の「驫木《とどろき》」は、青森県の地名や駅名です。鹿児島県の徳之島《とくのしま》でも地名となっています。

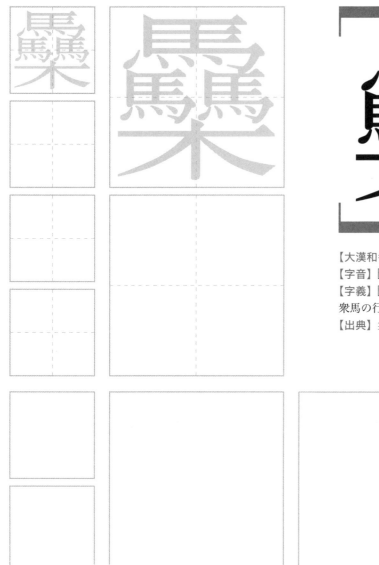

［鬼］部

䰱

【大漢和番号】45955
【字音】リョウ　レイ
【字義】1龍《リョウ・リュ／ボウ・モウ／リュウ》〖大 48818　①たつ。りゅう。②きみ。③あきらか。(略)〗の古字。2䰢《レイ・リョウ》〖大 45947　山神の名。〗に同じ。
【出典】1字彙補　2類篇
【Unicode】4C31

［鳥］部

䴑

【大漢和番号】47523
【字音】チョウ　ジョウ
【字義】鳥の名。
【出典】集韻／中華大字典／山海経，西山経　【Unicode】4D11

ワンポイント　古代の神話と地理の書である『山海経《せんがいきょう》』第二西山経《せいざんきょう》に、「䴑」という鳥が出てきますが、他の用例や説明からみて「鸓」の誤りではないかとされています。

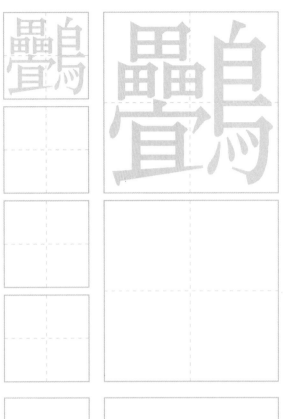

𪚉

【大漢和番号】48808
【字音】テン
【字義】歯牙。
【出典】篇海類編　【Unicode】2A689

𪚆

【大漢和番号】48809
【字音】サク
【字義】𣫘《サク》〘　大 16707　　鑿《サク》（　大 41088）に同じ。〙の譌字［カジ］。
【出典】字彙補　【Unicode】2A686

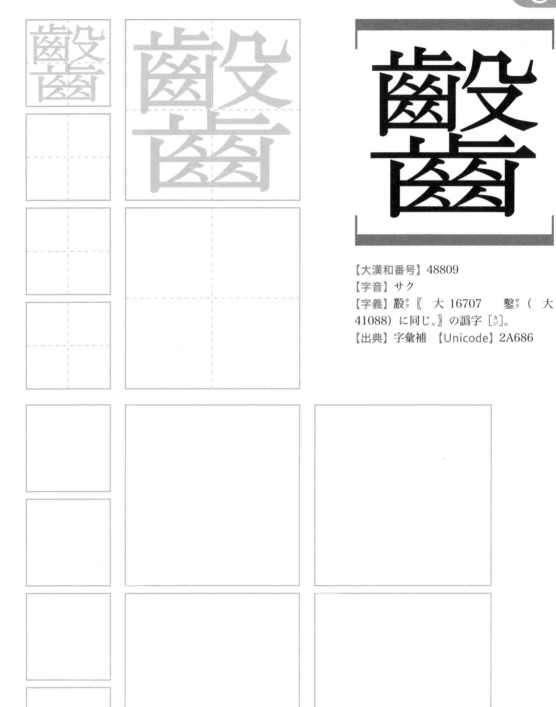

𪚈

【大漢和番号】48810

【字音】ハク

【字義】⿰齒尃《ハク》〖大 48748　①堅いものをかむ。②物をかむ音。〗に同じ。

【出典】集韻　【Unicode】2A688

𪚇

【大漢和番号】48811
【字音】シャク
【字義】義未詳。
【出典】字彙補　【Unicode】2A687

［日］部

𣍜

【大漢和番号】14329
【字音】コウ
【字義】黌《コウ・オウ》〖大 47985　まなびや［学び舎］〗に同じ。
【出典】字彙補　【Unicode】2335C

［隹］部

𩁵

【大漢和番号】42209

【字音】エン

【字義】𩁴《エン》〖大 42207　鳥がむらがる。また，鳥のむれ。〗に同じ。

【出典】龍龕手鑑　【Unicode】29075

ワンポイント

「𩁴」（22ジペー）参照。

［鳥］部

䴒

【大漢和番号】47524

【字音】レイ

【字義】鴒《レイ・リョウ》〖大 46770　鶺鴒は，せきれい。〗に同じ。

【出典】集韻　【Unicode】4D12

［鹿］部

𪋺

【大漢和番号】47715
【字音】ドウ
【字義】義未詳。
【出典】捜眞玉鏡　【Unicode】2A2FA

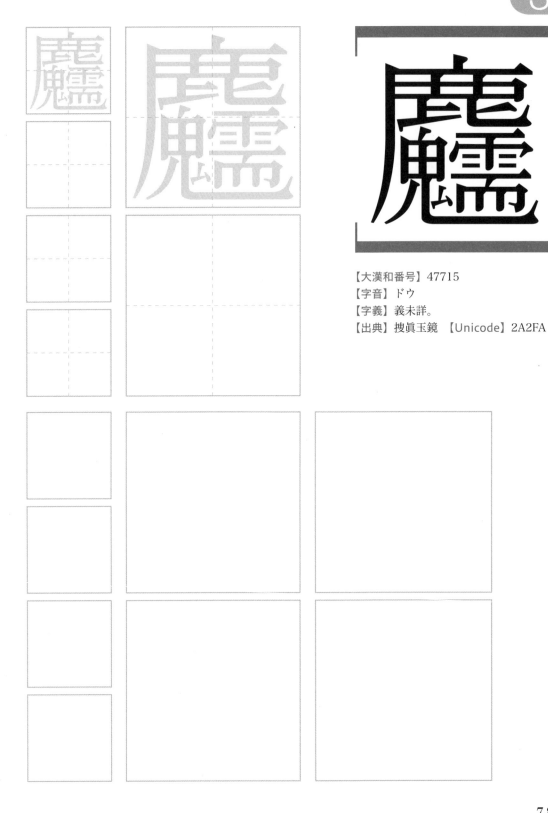

［齒］部

䶫

【大漢和番号】48812

【字音】1ゲン　23ガン・ゲゲン

【字義】1❶好［ョ］いさま。❷歯がくいちがう。⿰齒兼《ガン・ゲン》（大48741）に同じ。23⿰齒毚⿰齒兼［サン／ゼン ゲン／ガン］は，歯が高い。

【出典】集韻　【Unicode】4DAB

齾

【大漢和番号】48813
【字音】1ガツ・ゲチ　2ガツ・ガチ
【字義】1❶かけば。❷器物が欠ける。2❶獣の食いあまり。❷獣が残すところなく食べる。❸歯がかける。
【出典】集韻　【Unicode】9F7E

■熟語

【齾齾】ガツガツ　參差起伏［シンシキフク］のさま。

ワンポイント　この字は『説文《せつもん》』などの辞書にあり、唐《とう》代、宋《そう》代と文章に用いられる中で、「齒」を左に移動させてバランスを整えた「⿰齒獻」（81ページ）も現れました。上海などの方言に残っています（『漢語方言大詞典』『歴代方志文献集成』）。字を二つ続けて書く熟語の総画数は七十画にもなります。

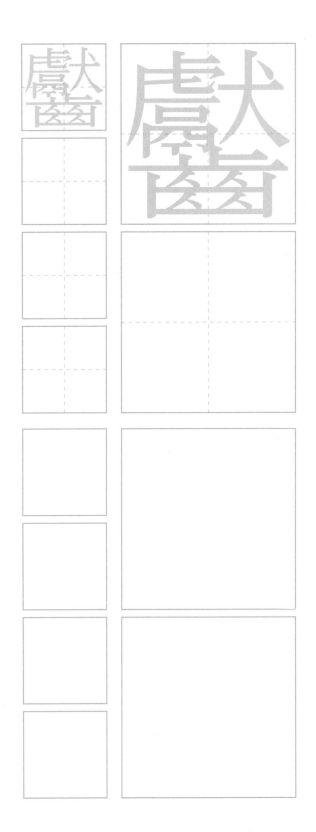

［齒］部

𪚋

【大漢和番号】48814

【字音】ガツ

【字義】齾ガツ・ゲチ／ガツ・ガチ〘大 48813　80ペ―ジ参照〙に同じ。

【出典】篇海類編　【Unicode】2A68B

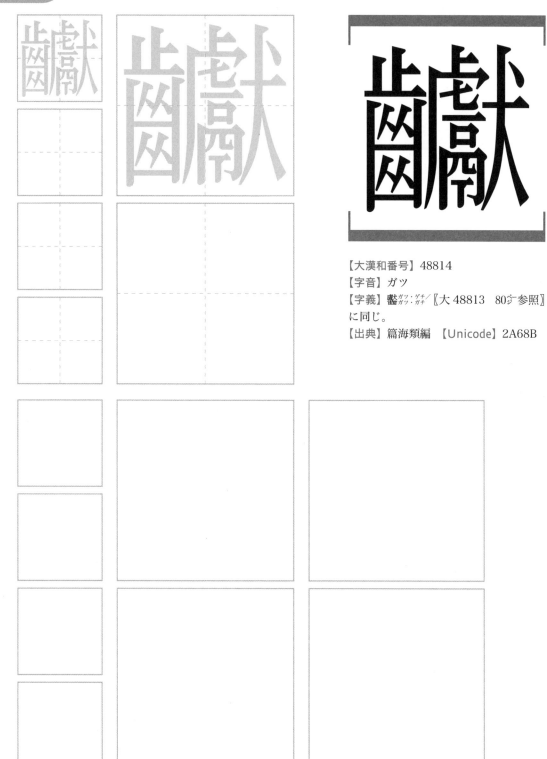

［土］部

𡔙

【大漢和番号】5636

【字音】ソ

【字義】麤《ソ》〖大 47714　①はなれる［離れる］。②とおざかる［遠ざかる］。③あらい［荒い］。(略)〗に同じ。

【出典】五音集韻　【Unicode】21519

ワンポイント　「麤」（58ページ）参照。『大漢和辞典』は「麤」の用例を戦国時代［前五世紀－前二二一］末期の成立と見られる経書（儒教《じゅきょう》の書）『周礼《しゅらい》』から引いていますが、この字はその経書において「鱻」（55ページ）と並んで最も画数の多い字でした。

𡬜

【大漢和番号】7410
【字音】リン　ロク
【字義】義未詳。
【出典】海篇　【Unicode】21B1C

ささひろ・ポイント

「𡬜」は「寒さがきびしい」という意味の「凜（凛）」を、「寒」を三つ重ねて強調した会意（二つ以上の漢字を組み合わせて意味を合成することによって新しい漢字を作る）による異体字です。

元代の文人・鄭采《ていさい》（東元《とうげん》）の作品「題㆓復古秋山對㆑月圖㆒」《フッコのシュウザンにツキにタイするのズにダイす》の末尾に「勢𡬜𡬜兮墨鱻鱻」（『元詩選』など）（勢凜凜、墨鮮鮮＝鮮やかという意）と用いられており、『中華字海』などに引用されました。明《みん》代［一三六八－一六四四］の書籍『新編篇韻《しんぺんへんいん》貫珠集《かんじゅしゅう》』（一五一六重刊本）には「凜」と注記のうえ収録され、『海篇《かいへん》』や『（続《ぞく》）字彙補《じいほ》』などに受け継がれていきました。広東《かんとん》省中山市の呂祖廟《りょそびょう》にある「怪字詩」にも「寒〓𡬜」と使われています。

日本でも、江戸時代には茅原《ちはら》定《さだむ》『茅窗漫録《ぼうそうまんろく》』（天保四［一八三三］年版）、小里景儔《こざとけいちゅう》『幼学詩韻三編』附録（天保十三［一八四二］年版／『（諧声《かいせい》）品字箋《ひんじせん》』も引用する）などに引用されており、現代でも掛け軸となった墨蹟が売られています。

同じ漢字の数を増やしながら続けて書く文字列を好む人は現代もいて、「又双叒叕」（またまたまたまたもや）と読ませる例や、「風〓飍〓」などがWEBで確認できます。

［日］部

𣌠

【大漢和番号】14277
【字音】シュン
【字義】義未詳。
【出典】字彙補　【Unicode】23320

ワンポイント　この「𣌠」のように字を四つ重ねるタイプは、明《みん》代［一三六八－一六四四］の字書に「四色類」という名でグルーピングされています。

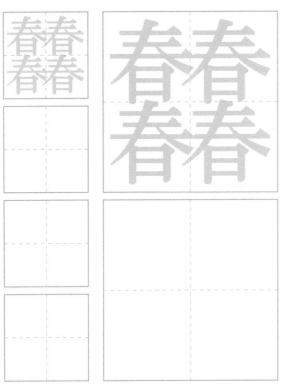

［水］部

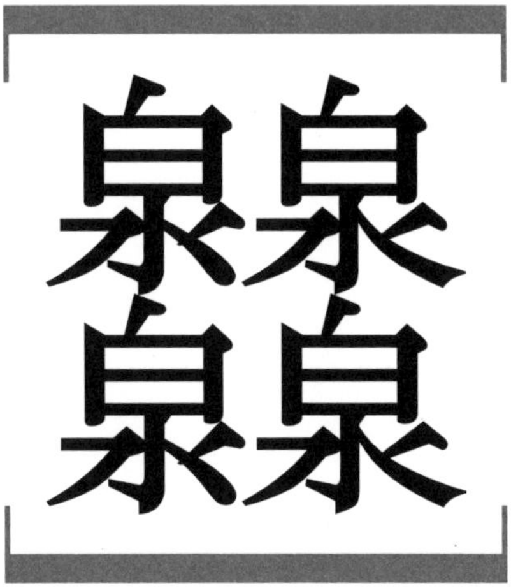

【大漢和番号】18849
【字音】トウ
【字義】義未詳。
【出典】字彙補　【Unicode】24181

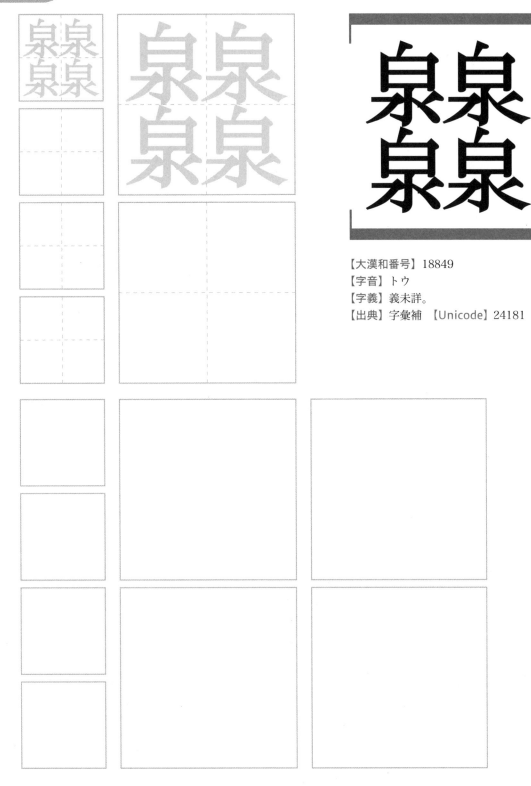

［矛］部

𥎥

【大漢和番号】23928

【字音】サン

【字義】⿰矛贊《サン》〖大 23925　1①ほこ［矛］。また，小さいほこ。②鑹《サン》（大 41072）に同じ。2とおくから物を取るのにつかうほこ。〗に同じ。

【出典】玉篇　【Unicode】253A5

ワンポイント　旁《つくり》の「爨」は「飯盒炊爨《はんごうすいさん》」の「爨」です。「⿰矛爨」（65ページ）「⿰革爨」（106ページ）参照。

𧲟

【大漢和番号】36495

【字音】コン

【字義】昆《コン／コン・ゴン》〖大 13792　①おなじ。ともに。②おおい。③あきらか。(略)〗に同じ。

【出典】捜眞玉鏡　【Unicode】27C9F

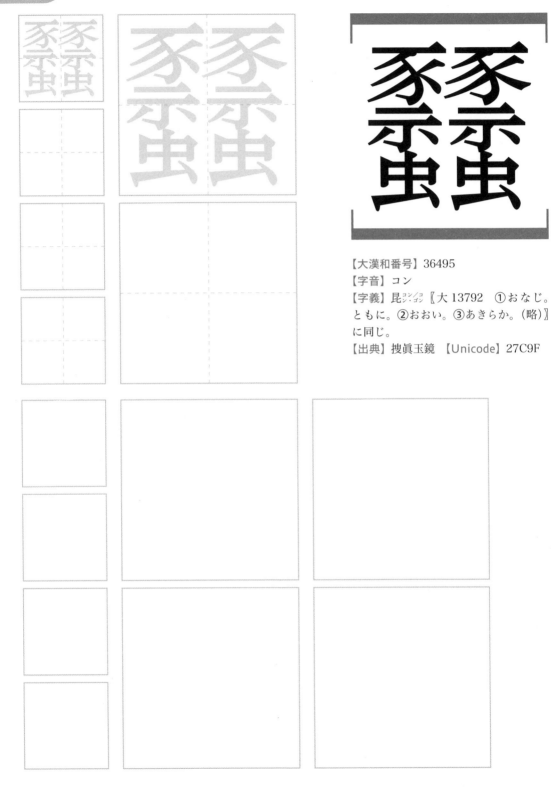

［雨］部

䨺

【大漢和番号】42558
【字音】タイ　ダイ
【字義】雲のさま。また〓《タイ》〖大 42456 䨺《タイ・ダイ》（大 42558）に同じ。〗と書く。
【出典】篇海　【Unicode】4A3A

ささひろ・ポイント

日本で𱁬（たいと）という幽霊名字の発生源となったと考えられる字です（127ページ／笹原宏之『日本の漢字』岩波新書、二〇〇六）。「たいと」はとある証券会社を訪れた人の名刺に書かれていたのが話の発端だそうです。

中国でも、清代《しんだい》の繆艮《ぼくこん(びゅうこん)》が『塗説』という書籍の中で、「鳥鳥鳥」「靐䨻」や「䨺䨺雲」といった字を用いた「奇字詩」（七言律詩）や道観の対句《ついく》を目撃したり聞いたりしたと述べています。

こうした同じ形の字を複数重ねた字は三畳字、四畳字と呼ばれます。鳥という漢字を「二鳥鳥鳥樹上来」と用いた、奇字詩に趣や雰囲気の似た詩が、広東《かんとん》省中山市の呂祖廟《りょそびょう》で「怪字詩」として見つかっています。

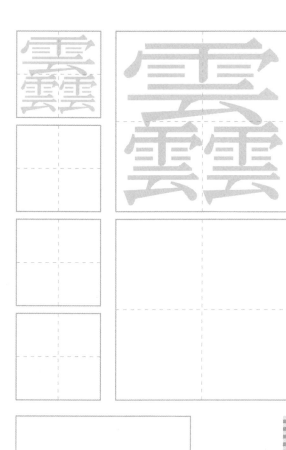

［風］部

𩙡

【大漢和番号】43996
【字音】ヒュウ　ヒュ
【字義】かぜ。
【出典】字彙補　【Unicode】29661

ワンポイント

「」（83ジペー）コラム参照。

【大漢和番号】45097
【字音】ロ
【字義】驢《リョ・ロ》〖大 45069　ろば。うさぎうま。〗に同じ。
【出典】捜眞玉鏡　【Unicode】299E5

𪈿

【大漢和番号】47525
【字音】1バン　マン　2ボン　モン
【字義】12𪈿𪈿は，鳥の名。あるいは鵁《コウ・キョウ》〖大 47509　鶬鶊［ソウコウ／ショウキョウ］は，ちょうせんうぐいす。〗と書く。
【出典】集韻　【Unicode】2A23F

ワンポイント　『山海経《せんがいきょう》』（70ジペー）の第二西山経《せいざんきょう》に出てくる「蠻蠻（蛮蛮）」という名の鳥と同じとされます。

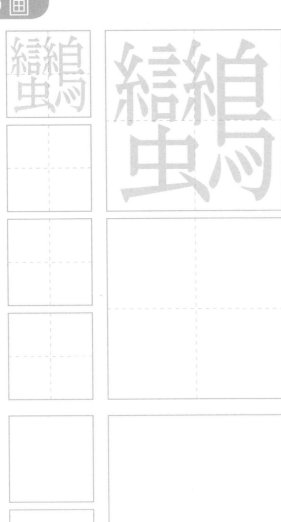

𪉀

【大漢和番号】47526

【字音】ライ

【字義】鸓《ルイ・ライ》〘大 47463　鸓《ルイ・ライ》（大 47462　①むささび。ももんが。のぶすま。②鵲に似た鳥。）に同じ〙の籀文［チュウブン］。

【出典】康熙字典　【Unicode】2A240

ささひろ・ポイント

形声文字。昭和時代［一九三六–一九六九］後半のテレビ番組で、この字を「ももんが」と読むと、漢字博士四段の方が説明していたのを覚えています。

『大漢和辞典』で「むささび、ももんが」と説明がある字は、この字が簡単になった字「鸓」でした。「鸓」の古い字は「𪉀」（93ページ）で、これは鳥以外の部分がライ（雷の象形）やルイのような音読みを表しています。

つまり「𪉀」は、「田」の影響をオセロゲームのように受けて「回（囘）」が「田」に変わった同化形でした。

別のところでは、「田」八つが「鳥」を囲む誤字も見かけました。

その一方で、左側の声符《せいふ》（音をあらわす部分）の「田」が「塁」のように繰り返し記号二つ（〻〻）に置き換えられたり、「累」「雷」のように一つにまで減ったりする漢字も生まれました。

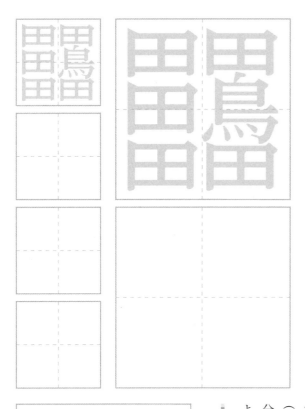

𤴒

【大漢和番号】47527
【字音】ライ
【字義】鸓《ルイ・ライ》〖大 47462　①むささび。ももんが。のぶすま。②に似た鳥。〗の籀文［チュウブン］。
【出典】説文　【Unicode】24D12

ワンポイント
「鸓」（92ジペー）参照。

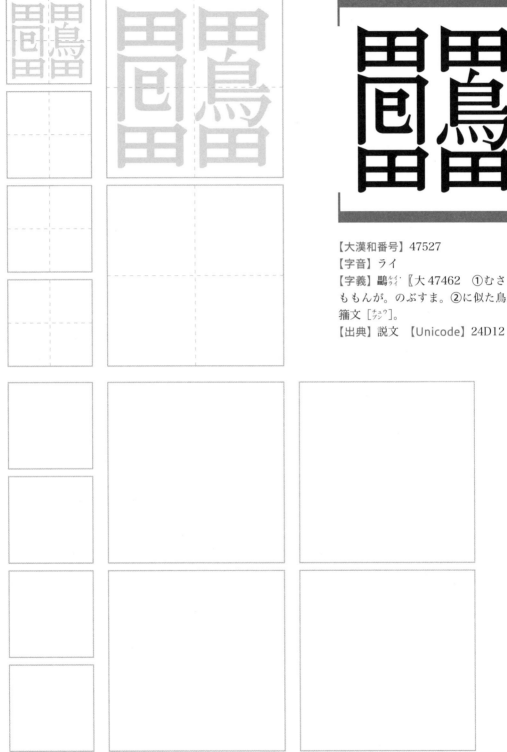

［鹿］部

𪋻

【大漢和番号】47716
【字音】チン　ジン
【字義】❶ちり。ほこり。鹿がすなけむりを揚げる。塵（大 5338）に同じ。❷俗に尘《ジ》（大 7484）と書く。
【出典】集韻　【Unicode】2A2FB

ワンポイント

「麤」（58ページ）参照。

［鼻］部

齉

【大漢和番号】48559
【字音】ノウ
【字義】鼻がつまる。
【出典】なし　【Unicode】9F49

ささひろ・ポイント

明《みん》代までに現れた「齉」を、現代中国語の中で最も画数の多い字として載せている辞書がありますが、第二次簡体字の簡略化の方法を適用すると一気に画数が減ります。この字は『大漢和辞典』に収められていますが、出典や日本漢字音の表示がないことから、戦前の編集作業において、中国の辞書から拾われたものと思われます。編集に使用された石山福治編『最新支那語大辞典』（第一書房、一九三五、一九四三年版）や『新撰支那時文辞典』（一九二九年版）、『辞源』（一九一五、一九三一続編）、『辞海』（一九三六年版）には「齉」は載っていません。大漢和辞典の漢字音の訂正を行った土橋八千太《つちはしやちた》［一八六六―一九六五］による『諸橋轍次著大漢和辞典訂正記録』（『大漢和辞典匡謬《きゅうびょう》記存』）にもありませんが、『大漢和辞典』は編纂する際に、『国音字典』（教育部読音統一会、一九二三）という字典も用いていたことが「㐻」（パ）という字の収録などから伺えます。『常用字彙』（教育部、一九三三）や『国語辞典』（中国大辞典編纂処、一九四三）にも「齉」の字が採用されています。

ちなみにインド・ネパール料理でおなじみの「ナン」には、この現地のことばを音訳した「饢」という「囊」の旁《つくり》をもつ字が当てられ（同じ字体は明代からあったようです）、台湾・香港では現在でも繁体字のまま書かれています。

［齒］部

𪚌

【大漢和番号】48815
【字音】ク
【字義】齲《ク/ウ》〘大 48716　①歯がむしばまれる。むしば。②歯がいたむ。③やえば。〙の譌字［カジ］。
【出典】字彙補　【Unicode】2A68C

［艸］部

𧆓

【大漢和番号】32672
【字音】ソ
【字義】わらぐつ。あぶらがやなどで編んだくつ。
【出典】集韻 【Unicode】27193

［衣］部

𧟞

【大漢和番号】34760
【字音】フク
【字義】わたいれ。
【出典】字彙補　【Unicode】277DE

ワンポイント
「⿱龖衣」（104ジペー）参照。

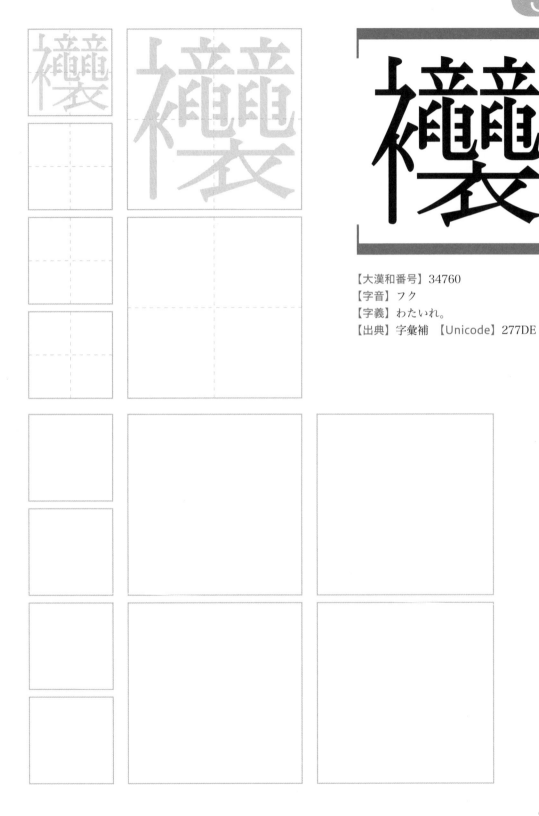

𧢯

【大漢和番号】35001
【字音】コツ　コチ
【字義】はやて。
【出典】五音篇海　【Unicode】278AF

𩙢

【大漢和番号】43997
【字音】セン
【字義】義未詳。
【出典】龍龕手鑑　【Unicode】29662

𩱷

【大漢和番号】45757

【字音】①バツ　マチ　②ベツ　メチ

【字義】かゆ。あるいは粖《バツ・マチ／ベツ・メチ》（大26897）・糏《バツ・マチ／ベツ・メチ》（大27182）と書く。

【出典】集韻　【Unicode】29C77

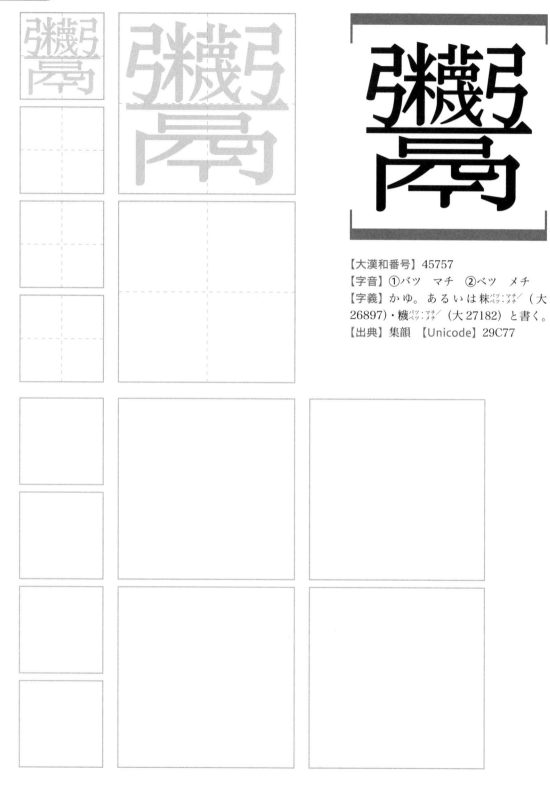

［龠］部

𪛖

【大漢和番号】48902
【字音】ショウ
【字義】簫《ショウ》〘大 26560　①しょうのふえ［簫の笛］。②舜［シュン］の楽［ガク］の名。③ゆはず。（略）〙に同じ。
【出典】集韻　【Unicode】2A6D6

ワンポイント

「𪛖」は大漢和辞典の本編最後の字です。

𩱸

【大漢和番号】49921

【字音】ベツ

【字義】䊳《バツ・マチ／ベツ・メチ》〘大 27182　①こな。穀物の粉末。②米に粉がまじる。③かゆ。〙に同じ。

【出典】なし　【Unicode】29C78

ワンポイント

「〓」(101ジペー)参照。

［衣］部

𧟟

【大漢和番号】34761

【字音】シュウ

【字義】襲《シュウ・ジュウ》〖大 34717　①おそう。②かさねる。③かさなる。(略)〗の籀文［チュウブン］。

【出典】集韻　【Unicode】277DF

ワンポイント

「讋」（108ジペー）参照。

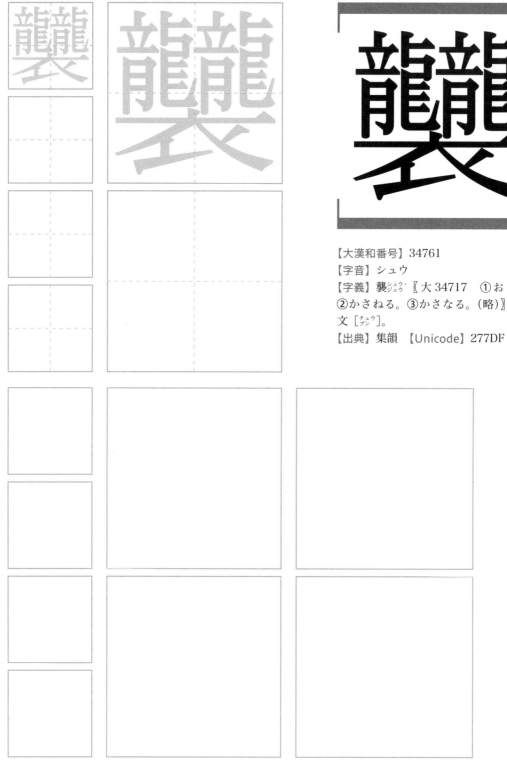

［雨］部

𩇒

【大漢和番号】42559
【字音】シン
【字義】震《シン》〘大42300　①はげしいかみなり。②かみなり。③ふるわす。ふるえる。(略)〙の籀文［チュウブン］。
【出典】集韻　【Unicode】291D2

ワンポイント　古文・籀文《ちゅうぶん》（5ページ）に対しては研究が古くから手厚くなされてきたのですが、後者の方が概して筆画が煩瑣《はんさ》だったことが知られています。白川静［一九一〇－二〇〇六］は『字統』などで、『説文解字《せつもんかいじ》』が籀文とするこの字（『康熙字典《こうきじてん》』は『篇海類編《へんかいるいへん》』を引く）の両爻《りょうこう》・両火を、電光と雷火を示すと推測しました。

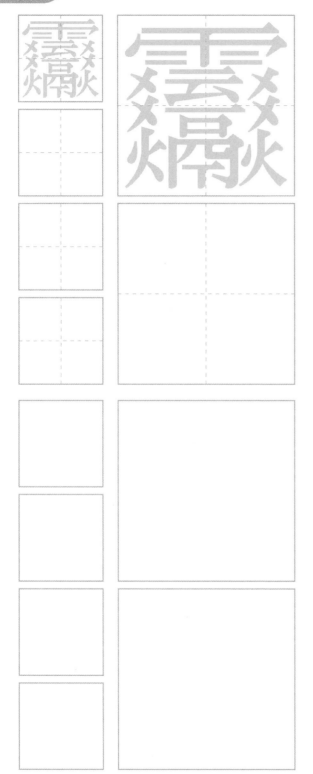

［革］部

𩎑

【大漢和番号】43107
【字音】サン
【字義】車のながえしばり。あるいは𩎏《サン》〘大43098　𩎑《サン》（大43107　車のながえしばり。）に同じ。〙・𨐇《サン》〘大38616　大車の真直ぐな轅［ながえ］。〙と書く。
【出典】集韻　【Unicode】29391

ワンポイント　この字の旁《つくり》の「爨」は「飯盒炊爨《はんごうすいさん》」の「爨」です。「獿」（65ページ）「𥞍」（86ページ）参照。

［黑］部

𪓉

【大漢和番号】48246
【字音】ウツ　ウチ
【字義】❶くろいさま。❷𪓉⿰黑律［ウツルイ］は，神の名。鬱《ウツ・ウチ》〖大 45671　①むらがりしげる。②ながい。③さかん。(略)〗に同じ。
【出典】字彙補　【Unicode】2A4C9

ワンポイント
「⿰黑鬱」（114ジペー）参照。

𧮩

【大漢和番号】36181
【字音】ショウ
【字義】讋《ショウ/トウ・ドウ》〖大 36120 ①おそれる。②ふるえごえ。③いむ。(略)〗の籀文。
【出典】集韻 【Unicode】27BA9

ささひろ・ポイント

中国では古くから(よく)喋ることなどを「セフ(ショウ)」(テツ)のように発音していて、その語に対して「讋」という字が作られました。これは古くは「𧮩」と書かれ、「龖」(37ページ)が発音を表す形声文字でした。ちなみに「⿱龖衣」(104ページ)も同じように「龖」が声符で、龍を減らした「襲」という字になりました。

六十四卦《ろくじゅうしけ》(儒教の基本経典で占いでもある「易《えき》」で用いられる図形)と重ねるために画数の増加が求められたようで、「言」の部分まで「龍」二つに乗っ取られて六十四画の「𪚥」(126ページ)という字体になりました。初めは恐懼《きょうく》ではなく多言という字義に特定した字にしたかったのかもしれません。呪符か仏典か何かに出現したようで、明《みん》代に入って『篇海《へんかい》』などの字書に追加されました。そのために清《しん》代の初期に『(続)字彙補《じいほ》』という字書に拾われたのですが、中国の漢字辞典の集大成とされる『康熙字典《こうきじてん》』は補遺にも備考にも載せませんでした。

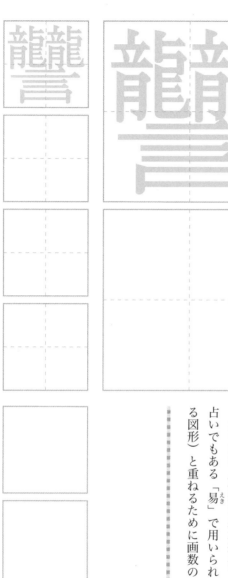

［雨］部

靐

【大漢和番号】42560

【字音】ヒョウ　ビョウ

【字義】**靐靐**［ホウ ヒョウ／ビョウ ビョウ］は，かみなりのおと。

【出典】集韻　【Unicode】9750

ワンポイント

「靐」（124ジペー）参照。中華民国期［一九一二―一九四九］の四川では、「靐」を「人偏に並」という字と同じ読み方だとし、意味は「雷声」としています。また、「雷」には「田田田田雨口口口田田田」を組み合わせた五十画を超える異体字も『龍龕手鏡《りゅうがんしゅきょう》』朝鮮本に収められています。古文（古い字）とされていますが、古代中国でこのような字体が使われた形跡はありません。

𡔚

【大漢和番号】5637
【字音】ジン
【字義】塵《チン・ジン／テン・デン》〖大5388　①つちけむり。②ちり。③俗。(略)〗の籀文[チュウブン]。
【出典】説文　【Unicode】2151A

ワンポイント　古文字の資料に掲載されたいわゆる「伝抄古文」に各種の変形が見られます。「⿱麤土」（94ページ）参照。

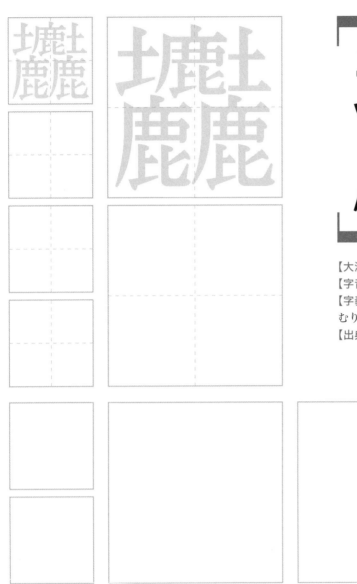

［雨］部

𩇓

【大漢和番号】42561
【字音】ライ
【字義】靁《ライ／リュウ・ル》〘大42518　①いかづち。②なげくこえ。③亀の属。(略)〙の古字。
【出典】集韻　【Unicode】291D3

ワンポイント　周代《しゅうだい》［前一〇四六‐前二五六］の金文に「回」二つの部分を「申」の古形にしているものが残っており、現代の篆刻《てんこく》の印章に継承されています。「〓」（13ジ）参照。

［齒］部

𪚍

【大漢和番号】48816
【字音】シ
【字義】歯がそろわない。
【出典】字彙補　【Unicode】2A68D

［齒］部

𪚎

𪚎
𪚎

𪚎

【大漢和番号】48817
【字音】タイ
【字義】歯が生える。
【出典】五音篇海　【Unicode】2A68E

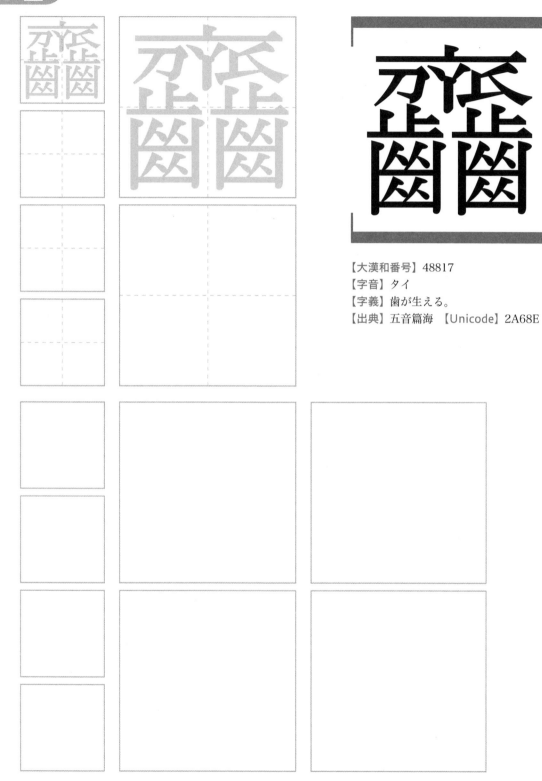

𪓊

【大漢和番号】48247
【字音】ウツ　ウチ
【字義】くろいさま。
【出典】集韻　【Unicode】2A4CA

ささひろ・ポイント

「鬱」は、ただでさえ画数が多いのに、序文に記したように、これにさらに部首を加えた字が『大漢和辞典』にいくつも載っています。黒（康熙《こうき》字典《じてん》体・旧字体は黑）偏を付けた字「𪓊」は、黒い血という原義の「メランコリー」を想起させます。

この字は、辞書では宋代の『玉篇《ぎょくへん》』や『集韻《しゅういん》』に現れ、きちんと書けば四十一画で、意味はくろいさま・くろい、とされています。少し略せば「⿰黑欝」（107ページ）、それでも三十八画もあります。熟語「𪓊⿰黑聿」は神の名で、『字彙補《じいほ》』と『康熙字典』によれば「𪓊⿰黑聿」を沈休文《しんきゅうぶん》がこう書いたとしています。沈休文とは南朝［四二〇‐五八九］の文人である沈約《しんやく》（四四一‐五一三、字《あざな》が休文）のことで、彼が二字目と偏を揃えて「鬱」に「黑」を加えた結果なのでした。

「鬱律」という煙が立ち上ることを表す畳韻の語や、『字彙補』によれば悪鬼を防ぐ神とされる「鬱壘《うつるい》」と同源のものです。

こういう字に関するまとまった情報は、世の中に意外とないので、この本ではそういう蘊蓄もできる限り示しています。

ちなみに小学校のキャンプなどでおなじみの「飯盒炊爨《はんごうすいさん》」の「爨」は「鬱」と同じ二十九画です。

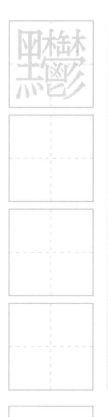

［臼］部

𦧄

【大漢和番号】30274
【字音】ジン
【字義】⿱麤土《チン・ジン》〘大47716　ちり。ほこり。〙の古字。
【出典】集韻　【Unicode】269C4

ワンポイント

「⿱麤土」（94ページ）参照。

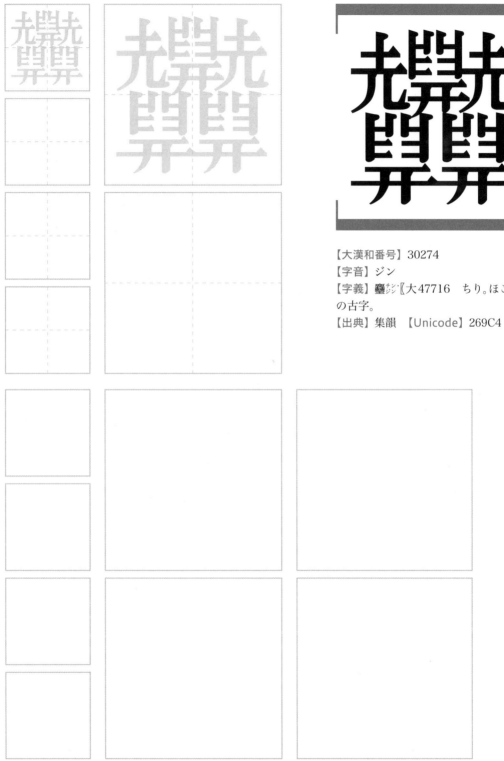

［艸］部

𧆘

【大漢和番号】32673
【字音】ユウ　ウ
【字義】その［園］。にわ［庭］。
【出典】字彙補　【Unicode】27198

ささひろ・ポイント

「〓」（9㌻）でも述べたように、「木」が「木 林 森」と増えていき、六つで「〓」「〓」、八つで「〓」という字までこの本には載っています。「〓」の「ささひろ・ポイント」ではその謎の字の出どころについて、最新の研究に基づくヒントを情報として書き加えました。

そして『大漢和辞典』にはさらに「木」が九つある「𧆘」という字まで収めてあります。これは遼《りょう》代［九一六－一一二五］の仏教系字書『龍《りゅうがん》龕《（りょうがん）》手鏡《しゅきょう》』（『龍龕手鑑《しゅかん》』の原題）や『字彙補《じいほ》』にあった字ですが、「囿」というソノやニワなどを意味する字の『説文解字《せつもんかいじ》』に出る籀文《ちゅうぶん》（5㌻凡例参照）「〓」が変化したものです。〓にくさかんむりを載せた同音の字もあり（草の意）、この二つの字が混ざってできたのが「𧆘」であるのかもしれません。

［見］部

𧢱

【大漢和番号】35002
【字音】セイ
【字義】性《セイ・ショウ》〖大 10478　①さが。②もちまえ。③生命。（略）〗に同じ。
【出典】字彙補　【Unicode】278B1

ささひろ・ポイント

「𧢱」は二種の字の会意による組み合わせでできた字としては最多画数です。『字彙補《じいほ》』に「丹那作」とこの字の作者が示されていました。遡ると『改併《かいへい》五音集韻《ごおんしゅういん》』（正徳版・万暦版）などにも「丹那作」と注記される道教色の濃い字が見られます。

『五音篇海《ごおんへんかい》』（万暦版）巻十四では、「𧢱」は『俗字背篇』を引用し（成化版にはまだない）、「性同理遠臞仙刱（創）作」とされています。「臞仙」は痩せた仙人の意ですが、明の初代皇帝朱元璋《しゅげんしょう》（洪武帝《こうぶてい》、一三二八–一三九八）の子の朱権《しゅけん》［一三七八–一四四八］も号としていました。

［風］部

𩙤

【大漢和番号】43998

【字音】コツ　コチ

【字義】䬍《コツ・コチ／クツ・クチ》〘大 43859　①疾い風。②疾風のさま。③あるいは⿰風屈《クツ・クチ》（大 43784）・⿰風豖《クツ》（大 43845）と書く。〙の古字。

【出典】集韻　【Unicode】29664

ワンポイント

「⿰⿱雚豩見」（99ページ）と関連する字です。

䲜

【大漢和番号】46633
【字音】ギョウ　ゴウ
【字義】魚がさかんなさま。
【出典】集韻　【Unicode】4C9C

ささひろ・ポイント

「鱻」（55ページ）にもう一つ魚を加えて四つにした「䲜」は、魚が盛んなさまを表し、点の数だけで十六個を数えます。

古い例として「䲜□（『玉篇《ぎょくへん》』では魚）盛」が字書『大唐刊謬《だいとうかんびゅう》補闕切韻《ほけつせついん》』（敦煌《とんこう》経部文献合集）に見られます。同じ発音である「業」「⿰魚業」という字には盛んという意味が古くからあり、「⿰魚業」（ギョウ・ゴウ）という形声文字（音を表す字と意味を表す字を組み合わせてできた字）を会意文字（二つ以上の字を意味の上で組み合わせてできた字）にしたものが「䲜」なのです（『疑難字続考』）。

この字を名前に持つ人が宋《そう》代にいました。「葉夢䲜《しょうむぎょう》」といい、建安《けんあん》（現在の遼寧《りょうねい》省の蓋州《がいしゅう》市）の人で『經史旨要』や文集を著したそうですが、失われてしまったようです。この名は『大漢和辞典』に収められていて、そこに典拠として挙げられた『尚《しょう》友録《ゆうろく》』には版本（テキスト）がいくつかあり、例えば国立国会図書館に納められている版本の巻二十三には確かに載っています。同様の短い伝記が『万姓統《ばんせいとう》譜《ふ》』（内閣文庫蔵明版）、『八閩通《はちびんつう》志《し》』、『古今図書集成《ここんとしょしゅうせい》』などにも収められています。さらに最近、中国に「魚鱻䲜」という姓名の人がいると報じられました。

日本では、版画家の清宮質文《せいみやなおぶみ》〔一九一七―一九九二〕が昭和二十八年〔一九五三〕に「䲜（ゲフ・ギョウ）の会」を設立しました。東京には「ウオサカンナリ（uosakan-nari 䲜）」という海鮮料理のお店もあります。

［臼］部

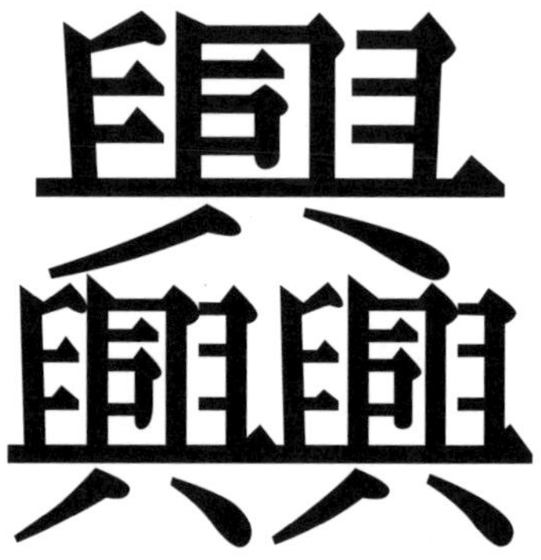

【大漢和番号】30275
【字音】オウ
【字義】やく。
【出典】五音篇海　【Unicode】269C5

ワンポイント
「興」のように真ん中の「同」の部分が「口」ではなく「コ」になっています。「」（125ページ）参照。

［風］部

【大漢和番号】43999
【字音】フウ
【字義】義未詳。
【出典】五音篇海　【Unicode】29663

ワンポイント　字を構成するパーツがほぼバラバラの字としては最多画数です。ちなみに「寶」と「進」と「財」と「招」をパーツのように合わせた三十九画の字（財の才と招の手偏は兼筆）は、商店などが使う吉語として、すでに中華民国期［一九一二－一九四九］に浙江《せっこう》省の地方誌に収められていました（『歴代方志文献集成』）。

［雨］部

𩇔

【大漢和番号】42562
【字音】ドウ
【字義】くものひろいさま。
【出典】五音篇海　【Unicode】291D4

ワンポイント

「𩇔」（88㌻）コラム参照。

龘

【大漢和番号】48845
【字音】トウ
【字義】龍の行くさま。
【出典】玉篇　【Unicode】9F98

ささひろ・ポイント

　この字が日本の縦書きの名刺で、「䨺」（タイ、88ページ）の下に置かれたことで、八十四画の幻の国字「𱁬」（たいと、127ページ）が生まれるきっかけになったと考えられます（笹原宏之『日本の漢字』／「氏名の「伝説」に対する検証」『戸籍』二〇二二年二月〜二〇二三年九月連載）。

「龘」は中国で辞書に収められてきたほか、道教の呪符に使用例が見られます。

　江戸時代の『龍蛇考《りゅうじゃこう》』という書籍では、龍が昇るときの「とうと」というオノマトペのほか、「のぼる」という訓読みを与えて「⿱龍八」と略して使用し、この字を蘇らせました。その当時、「理義字」と呼ばれる変わった形の字のグループの中に分類され、「みづたゝ（しくカ）む」という読みが与えられ、さらに名乗り訓として「ゆき」が各種の書籍に収められました。日本や台湾では、実際に名前に使われました。名前では、「⿱竜⿰竜竜」という略字も生じたようで、メーカー外字に登録されていました。

　最近、中国ではある曲の歌詞に「龙行龘龘 犄角旮旯」と用いて歌われました（龙は龍の簡体字）。WEBでは「龍龖龘𪚥」のような文字列も遊戯的に用いられています。

　日本でもこの字はハンドルネームやユーザー名などで人気があり、ついには平成の次の年号が「龘靐」になるというお話がWEB上で盛り上がっていたほどです。

［雨］部

䨻

【大漢和番号】42563
【字音】ホウ・ビョウ
【字義】いかづちのおと。
【出典】集韻　【Unicode】4A3B

ささひろ・ポイント

宋《そう》代に詩人の黄庭《こうてい》堅《けん》とその子孫が編んだ『山谷《さんこく》(詩《し》)集《しゅう》』(重刻黄文節山谷先生文集　内閣文庫蔵本)や、それに基づく祝《しゅく》穆《ぼく》編『古今事文類聚《こここんじぶんるいじゅう》』(早大蔵和刻本など)に、「銃䨻」という熟語が紹介されています。「蜀人語」「銃　充仲切(反)　䨻　蒲迸切(反)　使令人不循謹便利也」とあり、用事を言いつけても素直でなく役に立たないといった意のようです。これが郎《ろう》瑛《えい》(仁宝)『七修類稿《しちしゅうるいこう》』、方以智《ほういち》『通雅《つうが》』、呉任臣《ごじんしん》『(続)字彙補《じいほ》』など後代の書籍や辞書に、意味を欠いて紹介されていきます。清《しん》代の南京《なんきん》などの地方誌(地方史)は「雅馴《がじゅん》でない」という意味としています。この字は韻書(漢字を韻によって分類した書籍)にも収められ、『広韻《こういん》』には「雷䨻䨻聲」、『集韻《しゅういん》』には「䨻靐」(ホウヒョウ・ビョウビョウ)という雷の音を表す頭子音を揃えた双声の熟語として示されました。「䨻䨻」は一〇四画に達する最も画数の多い熟語です。これらは引用される際に「雷」の数が変化することもありました。清代の繆艮《ぼくこん(びゅうこん)》は『塗《と》説《せつ》』で、「雷靐䨻」という対句があるという伝聞を記しています。ちなみに「靐」は名前に使う人も現れました。江戸期に松《しょう》葉軒東井《ようけんとうせい》は、諺《ことわざ》などを集めた『譬喩尽《たとえづくし》』の巻三で、『事文類聚《じぶんるいじゅう》』の名を挙げて「銃䨻《たゝみざはり》がよい人じゃ」と二字目に挙措《きょそ》のさまの意の振り仮名をつけています(なお一字目の「銃」は「銃」の誤り)。これらの漢字は今も日中のネット上で使われています。「雷」の古い字に「靁」(13ページ)があり、これを「䨻」に代入した一二八画の「字」まで現れています。

𠔻

【大漢和番号】30276
【字音】セイ
【字義】義未詳。
【出典】五音篇海　【Unicode】2053B

ささひろ・ポイント

この字は金《きん》代の『篇海《へんかい》』という字書に登場します。それより古い『新修《しんしゅう》玉《ぎょく》篇《へん》』（新修絫《るい》音引證群籍玉篇）にはまだありません。音読みから推測すると、国を大いに興すという構成で政治という意味を表したものだったのかもしれません。『篇海』では、実は「口」の部分を「コ」の形に作っており、これだと六十画と数えられます。篆《てん》書《しょ》体では「口」でありもとはやはり「口」だったもので、道教色の濃い字書なので、画数の六十四が八卦《はっけ》（108ジ）の組み合わせの六十四卦を暗示していた可能性があります。

また、『康熙字典《こうきじてん》』「備考」にも受け継がれ、その後の清《しん》末の徽《き》州地方の辞書に大胆な略字の形で「掙」（ソウ・ショウ）と同じという注を伴って載っています。これが金代からの用法を受け継ぐものなのか、『康熙字典』などに引用されていたこの字を見て思いついた仮借《かしゃ》（音だけあって文字のない言葉に、同じ音の別の字を借りて当てたもの）なのかは慎重な検証が求められます。

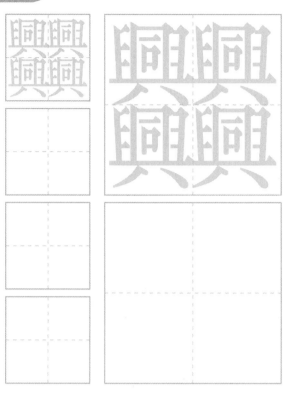

［龍］部

𪚥

【大漢和番号】48846
【字音】テツ　テチ
【字義】言葉が多い。多言。
【出典】字彙補　【Unicode】2A6A5

ささひろ・ポイント

明代《みん》に字書に載り、日本では明治時代の法学者小野《おの》梓《あずさ》［一八五二–一八八六］の幼名「𪚥一（てついち）」に使われました。この名が実際に書かれた文書は西南戦争への出征に関する二点しか残っておらず、ともに崩し字で、一つは「龍」に下部は繰り返し記号二つという形に略されていました（笹原宏之『日本の漢字』岩波新書）。

『大漢和辞典』には載せる予定がない字でしたが、戦後に『（続）字彙補』にあるのだからと掲載を勧める学者（土橋八千太、95ページ参照）が現れて、ギリギリのところで採用されたものだと判明しました（笹原宏之「漢字を追いかける」『日本語学』二〇一九）。そのお陰もあって、一字だけでもかっこいいと人気のある「龍」が四つも重ねられたインパクトから、人名（何名もいます）、日本酒の銘柄、焼き肉店の名、さらにはハンドルネームなどにまで用いられる流行《はや》りぶりで、和歌山県の龍神地区では、音読みから方言の「テチ」（「すごい」の意）に当てられ、喫茶店の名にこの字が使われています（笹原宏之「氏名の「伝説」に対する検証」『戸籍』／『方言漢字事典』研究社）。

おまけ漢字

本書に掲載した漢字はあくまで「大漢和辞典に載っている漢字の中で画数の多い漢字」です。世の中にはまだまだ画数の多い漢字が存在します。その主要なものをご紹介します。

39画

あまのはしだて

日本三景の一つ天橋立のこと。国字。方言漢字。誤認で「日が八つ巾一つ辶」になった「」もネット上に存在する。

53画

いわくら

神の御座所。国字。室町時代に成立した国語辞書『節用集』（天正十八［一五九〇］年本）に掲載がある。

56画

ビアン（拼音 biáng）

中国陝西《せんせい》省西安《せいあん》市を中心に食される郷土料理「ビアンビアン麺」の「ビアン」を表す漢字。異体字が複数あり、様々な読みを持つ。

Unicode 30EDD（異体字は30EDE）

57画

字音、字義未詳。

右の字に関連する。

64画

字音sue、字義は、恋など。様々な読みを持つ。

中国南方の造字。「ビアン」のもととなった字か。

福建で用いられた。

76画

字音、字義未詳。「かがみ」と読まれる。

宮沢賢治による造字。『農民とともに』（日本青年館、一九四〇）収載「岩手輕便鐵道《けいびんてつどう》の一月」という詩で用いられており、二〇二〇年に文字コードが付与された。『日本の漢字』参照。

Unicode 30F54

79画

おおいちざ

江戸時代の戯作《げさく》者恋川春町［一七四四―一七八九］による造字。『廓𥶡費字盡（さとのばかむらむだじづくし）』という黄表紙本に記載。団体客を指す。遊郭の娼妓《しょうぎ》（「敵《あい》」娼《かた》）と悪酔いした「客」が「吐」いてしまった様子を表すとされる。

84画

たいと／だいと／おとど

国字。詰まってと書く。画数が最も多い漢字とされ、姓に使われたといわれるが使用例はなかった。二〇一〇年からラーメン店などの名前（漢字はロゴ的扱い）として使用されており、二〇二〇年に文字コードが付与された。

Unicode 3106C

参考文献：笹原宏之『漢字の現在』（三省堂、二〇一一）ほか

[編著者]
笹原宏之（ささはら　ひろゆき）
一九六五年、東京都生まれ。早稲田大学社会科学総合学術院教授。博士（文学）。早稲田大学第一文学部卒業後、国立国語研究所主任研究官等を経て現職。二〇〇七年第三十五回金田一京助博士記念賞受賞、二〇一七年第十一回立命館白川静記念東洋文字文化賞優秀賞受賞。

主な書著
『日本の漢字』（岩波新書、二〇〇六）、『訓読みのはなし』（光文社新書、二〇〇八・角川ソフィア文庫、二〇一四）、『漢字の現在』（三省堂、二〇一一）、『方言漢字』（角川選書、二〇一三・角川ソフィア文庫、二〇二〇）、『漢字に託した「日本の心」』（NHK出版新書、二〇一四）、『漢字の歴史』（ちくまプリマー新書、二〇一四）、『日本人と漢字』（集英社インターナショナル、二〇一五）、『謎の漢字』（中公新書、二〇一七）、『漢字ハカセ、研究者になる』（岩波ジュニア新書、二〇二二）、『漢字はコワくない　クイズ120問』（東京新聞、二〇二二）ほか。

なぞり書《が》きで脳《のう》を活性化《かっせいか》
画数《かくすう》が夥《おびただ》しい漢字《かんじ》121
©SASAHARA Hiroyuki, 2023
NDC811/127p/24cm

初版第一刷——二〇二三年二月一日

編著者——笹原宏之《ささはらひろゆき》
発行者——鈴木一行
発行所——株式会社　大修館書店
〒一一三-八五四一　東京都文京区湯島二-一-一
電話03-3868-2651（販売部）
03-3868-2299（編集部）
振替00190-7-40504
[出版情報] https://www.taishukan.co.jp

デザイン——井之上聖子
印刷所——図書印刷
製本所——図書印刷

ISBN978-4-469-23285-1　Printed in Japan
Ⓡ 本書のコピー、スキャン、デジタル化等の無断複製は著作権法上での例外を除き禁じられています。本書を代行業者等の第三者に依頼してスキャンやデジタル化することは、たとえ個人や家庭内での利用であっても著作権法上認められておりません。

手書きのポイント

文字を手書きする場合、トメ・ハネ・長さ・点などをどう書くか気にされる人も多いかと思いますが、漢字には書いてもよい字形、むしろこう書くのが自然である字形（「常用漢字表」「表外漢字字体表」などによる）などがあり、印刷された字形やディスプレイに表示される字形通りに書かなくてはならないということは全くありません。以下、『大漢和辞典』に出てくる順に例を示します。

漢字	手書きのポイント	手書きの例
寒	下の点ははにすい（冫）でも可	
日	「春」などの「日」の部分は中の横線は左についていればよい	
門	右側のタテ線は、はねてもはねなくても可	
遂	旁《つくり》の書き出しは「八」でも可	
風	中の「ノ」は「一」でも可	

漢字	手書きのポイント	手書きの例
食偏	「飠」ではなく「𩙿」でも可	
観	左上の「艹」は「サ」のように三画でも可	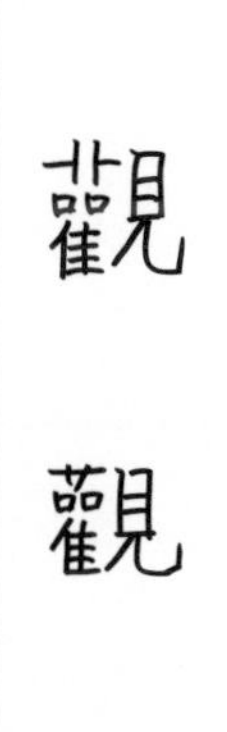
彑	「彐」でも可	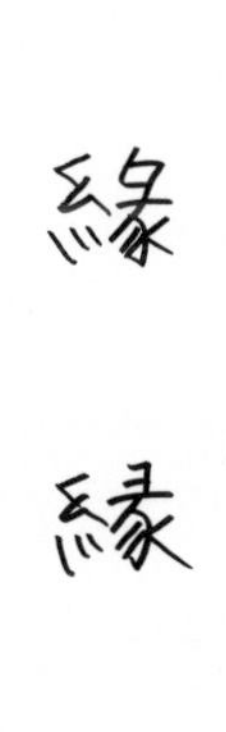
黒	「黒」でも可	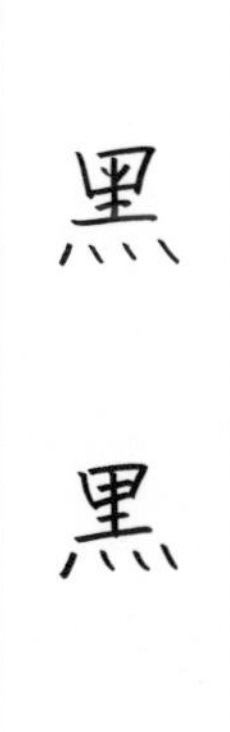
鼻	「鼻」でも可	
免	「免」＋「丶」でも可	
専	「専」でも可	
龍	一画目の「丨」は「丶」や「一」でも可	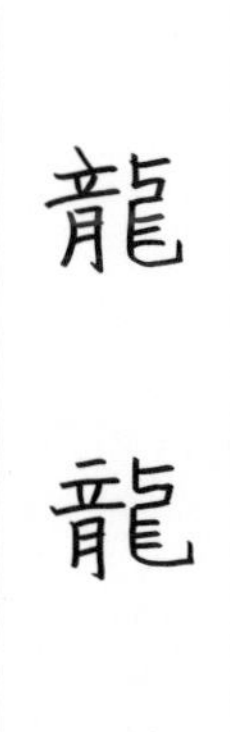

字の筆順

序文や凡例で述べた通り、字の筆順（書き順）に決まったものはありません。昭和三三年（一九五八）に文部省（現・文部科学省）が「指導上の不統一を解消したいと考え」、「同一構造の部分はなるべく同一の筆順に統一するという観点」から『筆順指導の手びき』を発行したのが、唯一の公的な指針といわれています（すでに失効）。

ただ、この手引書の「本書のねらい」の末尾には「本書に示される筆順は、学習指導上に混乱を来さないようにとの配慮から定められたものであって、そのことは、ここに取りあげなかった筆順についても、これを誤りとするものでもなく、また否定しようとするものでもない。」と記されており、決して唯一無二の筆順が示されたわけではないことがわかります。

本書は「画数が夥（おびただ）しい」漢字を書いてみようという本ですが、なぜ筆順が示されていないのかという理由は右記によります。とはいえ、何らかのヒントが欲しいという読者のために、この『筆順指導の手びき』から、筆順についてのポイントと、部首として出てくる漢字の筆順例をまとめます。

正確に書くというより、こんなに画数の多い漢字をさらりと書けたらかっこいいな、というくらいの気持ちで、なぞり書きとお手本を見ながらの運筆にチャレンジしてみてください。

筆順の原則

大原則1 上から下へ

大原則2 左から右へ

原則1 横画が先（横画と縦画とが交差する場合は、ほとんどの場合、横画を先に書く。例…計／圧／七）

原則2 横画が後（横画と縦画とが交差した時は、次の場合に限って、横画を後に書く。例…田／王）

原則3 中が先（中と左右があって、左右が一、二画である場合は、中を先に書く。例…小／赤／承）

原則4 外側が先（口［くにがまえ］のように囲む形をとるものは先に書く。例…国／同／内／司）

原則5 左払いが先（左払いと右払いとが交差する場合は、左払いを先に書く。例…文／人）

原則6 貫く縦画は最後（字の全体を貫く縦画は、最後に書く）

原則7 貫く横画は最後（字の全体を貫く横画は、最後に書く）

原則8 横画と左払い（横画が長く、左払いが短い字では、左払いを先に書く。例…右／有／布など　横画が短く、左払いが長い字では、横画を先に書く。例…左／友／在など）

雨　一　一　一　币　雨　雨　雨

魚　ク　ク　ク　ク　角　魚、

歯　一　ト　止　止　歩　歩　歯